프랑스 갈리마르
인물역사총서 19

그리스 신화

글 | 마리 테레즈 다비드슨

그리스 고전을 전공했으며 현재 중등학교에서 고전 문학을 가르치고 있다. 그리스 문학과 문화에 대한 열정이 매우 남다르다. '프랑스 갈리마르 인물역사 발자취' 시리즈 중에서《율리시스》와《알렉산더 왕》를 쓰기도 했다.

그림 | 다니엘 마이야

1942년 파리에서 태어났다. 그는 에티엔느 학교에서 조각을 공부했고, 시사만화가로서 활동을 하며 어린이 책의 그림도 그리고 있다. 또 만화영화와 영화 포스터 그림도 그리며 여러 분야에서 활동하고 있다.

옮긴이 | 김이정

서강대학교 불어불문학과를 졸업했으며, 프랑스 파리 13대학에서 언어학 박사 학위를 받았다. 현재 서강대학교에 출강하고 있다. 옮긴 책으로는《사람의 몸》《동물의 생활》《심술쟁이 마녀 소동》《거짓말은 왜 나쁠까요?》《개 이야기》《매혹의 그리스》《열정의 이탈리아》등이 있다.

초 판 1쇄 2006년 9월 30일 발행
개정판 2쇄 2013년 1월 5일 발행

글 마리 테레즈 다비드슨 | 그림 다니엘 마이야 | 옮김 김이정 | 발행처 종이비행기 | 발행인 나성훈 | 편집인 전유준
편집 김지현 이승민 | 교정·교열 최성옥 | 디자인 이영수 강혜경 홍진희 | 특판책임 채청용 | 제작책임 정병훈 | 홍보책임 박일성
주소 서울 강남구 삼성동 153 | 전화 02-538-5003 | 팩스 02-539-5003 | 등록 제16-3584호 | ISBN 978-89-6719-019-4 74900

ⓒ Éditions Gallimard Jeunesse, Paris, 2005. All rights reserved.
Korean translation Copyright ⓒ 2006 by JB-FLY Publishing Co.
Korean edition is published by arrangement with Gallimard Jeunesse through Sibylle Books Literary Agency.
이 책의 한국어판 저작권은 Sibylle Books Literary Agency를 통해 Gallimard Jeunesse와 독점 계약으로 종이비행기에 있습니다. 저작권법에 의해 한국 내에서 보호를 받는 저작물이므로 무단전재와 무단복제를 금합니다.

● 종이비행기는 예림당의 가족회사로, 새로운 시각과 폭넓은 콘텐츠로 다가가는 인문과학 분야 전문 브랜드입니다.

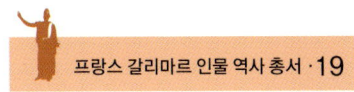
프랑스 갈리마르 인물 역사 총서 · 19

그리스 신화

마리 테레즈 다비드슨 글 | 다니엘 마이야 그림 | 김이정 옮김

종이비행기

《프랑스 갈리마르 인물 역사 총서》를 펴내면서

앞으로 우리 교육 환경은 쉼 없는 지식의 성장과 진화를 요구합니다. 하나의 주제에 대해 생각하는 데에도 종합적인 사고와 깊은 통찰이 있어야 합니다.

《프랑스 갈리마르 인물 역사 총서》 시리즈는 우리 어린이와 청소년들이 꼭 읽고, 익혀야 할 학습 내용을 쉽고 풍부하게 전달하는 데 초점을 맞추었습니다. 이 시리즈는 인문 교양 지식 분야에서 세계 최고를 자랑하는 프랑스의 갈리마르 출판사에서 발행한 역사, 인물, 신화, 문명에 대한 종합적인 교양서입니다.

이 시리즈에 들어 있는 주제들은 모두 어린이, 청소년, 어른까지도 꼭 알아야 할 내용들로 매우 흥미진진합니다. 세상이 처음 만들어진 이야기부터 한 시대를 이끈 영웅담, 고대 문화, 문명, 지리, 역사적 배경까지……. 마치 한 편의 웅장한 역사 드라마를 보는 것과 같습니다. 그 이야기를 누구나 쉽게 이해할 수 있도록 맛깔스럽게 구성하였습니다. 거기에 역사적 사건이나 당시의 상황을 뒷받침하는 풍부한 자료들을 덧붙여 먼 과거의 숨결이 살아 있는 듯 생생한 감동을 불러일으킵니다. 각각의 주제마다 모든 분야의 최고 전문가들이 하나하나 정성을 기울인 작품입니다.

첫째 지식 교양의 기초가 되는 신화, 역사, 문화, 인물의 발자취가 가득합니다.

로마, 율리시스, 이집트 신, 노예, 해적, 클레오파트라와 같은 인류 역사의 커다란 쟁점들을 사실적으로 재현하여, 놀라운 지식들을 경험할 수 있는 세계로 안내합니다.

둘째 어렵고 딱딱한 역사 지식을 전설이나 신화 같은 이야기로 흥미롭게 전달합니다.

쉽고 간결한 이야기체 구성으로 초등학생부터 청소년, 학부모에 이르기까지 누구나 단숨에 읽고, 쉽게 공감할 수 있습니다.

셋째 역사적 사실과 상상력을 바탕으로 한 구체적인 정보를 알차게 실었습니다.

이야기 중간 중간마다 그 당시의 역사적 사실과 배경 지식을 알 수 있는 다양한 사진이나 그림, 기록물을 꼼꼼히 넣고, 백과사전 같은 설명을 곁들여 학습 효과를 높여 줍니다.

넷째 원작이 주는 고유의 분위기나 상황을 충실히 살렸습니다.

지금까지 알려진 여러 가지 이야기 중에서도 가장 원전에 가까운 설화와 번역본, 문체까지 충실히 살려 독자들에게 정확한 교양 지식 길라잡이가 됩니다.

다섯째 학생들의 교과 과정과 관련 있으면서도 교과서에 나오는 내용 이상의 필수 지식이 실려 있습니다.

이 책은 교과서의 단편적인 내용을 보다 입체적으로 새롭게 보여 줍니다.

그 밖에도 《프랑스 갈리마르 인물역사 총서》가 주는 매력은 한두 가지가 아닙니다. 우리가 모르고 그냥 지나쳤던 역사의 수많은 발자취를 새롭게 발견할 때의 기쁨이란 이루 말할 수 없습니다. 그 기쁨의 주인공은 이제 여러분입니다.

이 책을 읽으면서 우리가 알고 있는 세계 역사와 문화를 보다 다양하고 입체적으로 바라볼 줄 아는 지혜를 얻길 바랍니다.

일러두기
① 국립국어원의 표기법에 따르며, 인명·지명은 되도록 해당 지역의 표기법에 따르도록 노력하였습니다.
② 세계 설화의 원문을 객관적으로 충실히 반영하여 독자에게 정확한 사실을 전달하는 것을 원칙으로 삼았습니다.
③ 어린 독자들에게는 좀 어려운 어휘 구사(반복, 비교 따위)를 고려하여, 완전히 각색하지 않고, 가급적 눈높이를 맞추도록 하였습니다.

차례 contents

최초에 10

제우스의 전쟁 22

프로메테우스와 인간들 34

제우스의 사랑 46

아테나와 헤라의 아들들 60

아프로디테와 트로이 전쟁 72

아폴론의 빛 86

디오니소스의 방랑 102

대지의 풍요 114

포세이돈과 바다의 위험들 128

8 신들의 세계

20 고대 그리스 사람들이 생각한 세계

32 괴물들과 신들

44 인간과 신

58 제우스의 사랑과 변신

70 수공업

84 트로이 전쟁

100 예견

112 음악과 예술

126 땅과 지하의 풍요로움

140 이상야릇하고 알 수 없는 바다

142 이야기의 참고 문헌

신들과 영웅들

가이아 11~20, 23, 26~29, 131

네레우스 131~133, 135, 140

데메테르 24, 115~121, 126

디오니소스 103~113

레아 17~19, 24, 115

메두사 67, 130, 135

무사 96, 110, 112

스틱스 25, 104

아레스 61, 64~65, 75~77, 82

아르테미스 84, 88~90.

아킬레우스 81~83, 133~135

아테나 37, 48, 64~68, 70, 78, 80, 82, 110

아프로디테 16, 38, 63, 73~82, 85

아폴론 82, 87~101, 110~112, 130, 135

에로스 11, 77, 85

오디세우스 32, 81~82, 101, 129, 136, 138, 141

오르페우스 123~125, 136, 139

오케아노스 16, 24~25

우라노스 11~16, 26, 131

이아손 70, 136

제우스 19, 23~33, 36~38, 41~43, 47~65, 81, 87, 103~105, 115~117, 120, 133

케르베로스 121~125, 136

크로노스 15~19, 23~26, 35~36, 47

키클롭스 12, 15, 17, 26, 32

테티스 78, 83, 133~135

파리스 78~82, 84, 95, 135

판도라 38~41

페르세우스 56, 67, 130

페르세포네 115~124, 126

포세이돈 24, 27~28, 82, 129~133, 136, 141

프로메테우스 36~44, 133

하데스 24, 27, 116~126, 129

헤라 24, 48~51, 57, 59, 61~62, 78, 80, 82, 87~88, 103~105

헤라클레스 41, 56~57, 67~68, 121~123, 131~132

헤르메스 38, 51, 78, 80, 96~99, 107

헤파이스토스 37, 61~64, 70, 75~77, 82~83, 127

헬레네 55, 58, 80~81, 84

시칠리아

최초에

최초에는 아무것도 없었다. 무한하고 거대한 빈 공간인 카오스밖에 없었다. 그러던 어느 날…….

어느 날, 이렇게 말할 수 있는 것인지 모르겠다. 왜냐하면 낮도 밤도 없었으니까. 어쨌든, 어느 날 크게 열린 이 빈 공간에서 대지*, 가이아가 생겨났다. 천천히(아니면 순식간이었을까? 아무도 없었는데 어떠하였는지 누가 말해 줄 수 있을까?) 가이아는 커지고 길어지고 늘어나고 두꺼워지고 속이 꽉 찼다. 그렇게 그녀는 존재했다.

그러나 혼자 있는 것은 금방 싫증이 났다! 그래서 가이아는 같이 지낼 산맥의 신이자 바다의 신 폰토스와 하늘의 신 우라노스를 낳았다. 대지는 별이 총총한 하늘에게 금방 반해 버렸다!

그동안 카오스로부터는 에로스가 태어났다. 그는 신들

> **대지**
> 대자연의 넓고 큰 땅.

저항
어떤 힘이나 조건에 굽히지 아니하고 거역하거나 버팀.

가운데 가장 아름답고 가장 다정하고 누구도 **저항***할 수 없는 사랑의 신이었다.

가이아는 우라노스를 자기만큼 드넓고 거대하게 만들었다. 그래서 우라노스는 가이아를 완전히 뒤덮었다. 우라노스와 가이아는 우주의 첫 번째 한 쌍이 되었다.

우라노스는 가이아를 사랑스럽게 뒤덮었고, 가이아는 사랑으로 가득 차 우라노스와 함께 아기를 여러 명 만들었다.

그동안 카오스는 혼자서 어둠의 신 에레보스와 밤의 여신 닉스를 낳았다. 밤의 신 닉스는 밝은 낮 헤메라와 맑은 대기 아이테르를 낳았다. 그러고 나서 죽음 타나토스, 달콤한 잠 히프노스와 꿈 오네이로이를 낳았다.

하늘과 땅은 첫 번째 자손으로 아들 여섯과 딸 여섯을 낳았는데 이들이 바로 티탄 족이다. 이들 12남매 다음으로는 몸집이 거대하고 힘이 아주 센 다른 신들이 태어났다. 먼저 키클롭스 3형제가 태어났다. 이들은 눈이 하나이고 벼락, 번개, 천둥을 잘 다루었다. 그리고 엄청나게 거칠고 힘이 센 거인 3형제가 태어났는데, 이들을 헤카톤케이레스라 불렀다.

하지만 이 형제자매 신들은 모두 가이아의 뱃속에서 자랐다. 땅속 깊은 곳에서 세상 밖으로 나오지 못하고 말이다!

그런데 어떻게 이 모든 신들이 태어날 수 있었을까? 가이아를 여전히 사랑하는 우라노스는 가이아를 계속 뒤덮은 채 쉴 틈을 주지 않았고 자식들을 밖으로 내보내도록 놔두지 않았다.

모든 자식들이 자기 속에서 자라고 있었으므로 가이아는 몸이 너무나 무겁게 느껴졌다. 그녀는 자식들이 밖에서 건강하게 자라는 걸 정말 보고 싶었다.

그녀는 우라노스에게 불쌍하게 보여서 조금 밀어내려 해 봤지만 소용이 없었다. 그는 자신의 욕망만 채우려 했다. 가이아는 이기적인 남편에 대한 원한이 점점 더 쌓여 갔고 그의 난폭함을 더 이상 참을 수 없게 되었다. 오랜 생각 끝에 그녀는 해결책을 하나 떠올렸다. 우라노스가 그녀를 너무 사랑해서 멀어지지 않으려 한다면 성기를 잘라 내어 그의 욕망을 없애는 수밖에 없었다.

대지는 몰래 자기 가슴속에 단단하고 반짝거리는 금속을 품었다. 그 금속으로는 보통 도구를 만들었지만 그녀는 뾰족하고 날카로운 칼날을 만들도록 시켰다. 그녀는 그것을 구부려서 최초의 낫을 만들었다. 그리고 갇혀 지내는 것을 불만스러워하는 자식들에게 자기 계획을 알려 줬다.

"얘들아, 너희 아버지의 잔인함 때문에 괴롭지? 너희들을 내 깊은 곳에 가둬 두었으니 말이야. 자, 용기를 내렴! 너희들 중 누가 이 낫을 들고 가서 우리를 자유롭게 해 줄 거니?"

그러나 자식들 중 어느 누구도, 티탄*도, 키클롭스도, 헤카톤케이레스도 감히 아버지에게 손대는 것을 상상하지 못했다. 아버지를 존경해서일까? 아니면 무서워서? 결국은 같은 얘기다. 조용한 가운데 누군가 말했다.

"제가 할게요, 어머니. 어머니 뜻대로 할게요. 어머니가 더 이상 아버지를 원하지 않으니 말이에요."

바로 티탄 중에서 가장 어린 크로노스였다. 그는 성격이 나빴고 권력에 굶주려 있었다.

그는 낫을 들고 적당한 때를 기다렸다가 아버지의 성기를 단번에 잘라 바다에 던져 버렸다.

너무나 고통스러운 우라노스는 가이아에게서 바로 떨어졌고, 그 후로는 가이아 위에서 머물렀다. 가이아만큼 드넓었지만 그녀에게 절대 손을 대지 않았다.

그런데 우라노스의 상처에서 핏방울이 솟아 대지 위에

티탄
거인족으로 우라노스와 가이아 사이에서 태어난 여섯 명의 남신과 여섯 명의 여신을 이른다. 올림포스 신들에게 멸망되었다.

떨어지면서 가이아와 하늘 우라노스의 마지막 자식들이 태어났다. 에리니에스, 기간테스와 멜리아스는 먼저 태어난 자식들보다 훨씬 더 끔찍했다. 모두 자신들이 피로 태어났다는 걸 기억하고 있었다.

무서운 에리니에스는 살인자, 특히 가족을 죽인 살인자를 뒤쫓았다. 이 여신들은 살인자를 끊임없이 고문해 미치게 만들었다. 머리가 하늘에 닿고 발은 굵은 뱀들인 기간테스들은 싸움밖에 몰랐고 어느 누구도 무서워하지 않았다. 멜리아스는 창과 투창을 만드는 데 쓰이는 물푸레나무에 사는 님프들이었으며, 전쟁과 학살을 즐겼다.

그러나 우라노스에게서 또 마지막 딸이 태어났다. 우라노스의 성기가 바다에 떨어지면서 거기서 마지막 씨앗이 빠져나가 바다의 거품과 섞인 것이다. 그 거품에서 가장 아름다운 여신 아프로디테가 태어났다. 그 후로 아프로디테는 사랑의 여신이 되었다.

우라노스는 그때부터 대지에서 위로 멀리 쫓겨나 있게 되었다.

꾀 많은 크로노스는 다른 티탄들의 도움으로 신들의 왕이 되었다. 형 오케아노스만이 크로노스의 범행으로 **덕을 보기***를 거절했다. 그는 물로 대지를 공손히 감싸며 거리

덕을 보다
남에게 이익이나 도움을 입다.

를 유지했다.

　대부분의 티탄들은 누이들과 결혼했는데, 크로노스는 누나 레아와 결혼했다.

　크로노스는 끔찍한 형제들인 키클롭스와 헤카톤케이레스를 맨 먼저 풀어 줬다. 하지만 그들의 힘이 두려운 크로노스는 왕위를 빼앗길까 걱정되어 그들을 다시 땅속 가장 깊은 곳인 타르타로스*에 가두었다.

　그러나 아직 그를 노리는 위험이 있었다. 크로노스에 대해 모든 것을 잘 알고 있는 어머니 가이아는 이렇게 경고했다.

　"한 아들이 너에게서 태어날 것이고, 너는 그 아들에게 왕위를 빼앗길 것이다."

　크로노스는 그 어떤 것보다 왕위에 집착*했다. 그래서 그는 레아와의 사이에서 태어나는 자식들을 모두 삼켜 버리기로 마음먹었다. 자식들이 왕위를 차지하지 못하도록 하기 위해 이것보다 더 나은 방법이 있을까?

　그리고 레아가 첫 아기를 낳았다. 아기가 딸이라는 것을 레아가 알아본 순간 크로노스가 딸을 달라고 하더니 단숨에 삼켜 버렸다. 같은 일이 계속 반복되었다. 한 번, 두 번, 세 번…….

타르타로스
대지의 가장 깊은 곳. 때로는 대지와는 다른 곳으로, 때로는 대지에 포함된 곳으로 여겨졌다. 더 후에는 지옥 중 가장 끔찍한 곳을 가리켰다.

집착
어떤 것에 늘 마음이 쏠려 잊지 못하고 매달림.

최초에 ■ 17

　레아는 이 끔찍한 남편이 주는 고통을 점점 더 견디기 힘들었다. 여섯 번째 아기를 임신했을 때, 레아는 이 아기는 살려야겠다고 결심했다.
　레아는 옛날에 겪었던 일을 잊지 않고 있는 어머니 대지의 여신과 계획을 세웠다.
　레아는 아버지 하늘의 신에게서도 도움을 받기로 했다. 하늘의 신은 크로노스에게 복수할 수 있게 되어 아주 기뻤다.
　레아가 아기를 낳으려는 순간 어머니와 아버지는 밤을

틈타 레아를 크레타 섬으로 데려갔다.

  이다 산의 깊고 끝없는 동굴에서 레아는 아들 제우스를 낳았고 가이아에게 제우스를 맡겼다. 그런 다음 곧장 남편 곁으로 돌아와 포대기로 싼 커다란 돌덩이를 주었다. **대식가*** 크로노스는 **속임수***라는 것도 모르고 돌을 단숨에 삼켜 버렸다.

  이렇게 해서 대지의 여신의 예언은 이뤄지게 되었다.

대식가
음식을 많이 먹는 사람.

속임수
남을 속이는 짓, 또는 그런 술수.

그리스

그리스 신들의 역사는 우주 개벽설에서부터 시작된다. 다시 말해 세상이 생겨나 진화하는 이야기에서 시작되는 것이다. 고대인들은 자신들의 세상을 이해하는 데 필요한 설명을 이 우주 개벽설에서 찾았다.

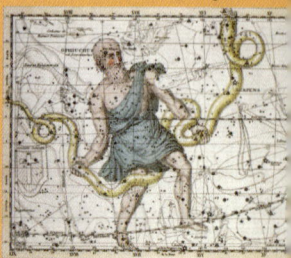

▶ 뱀자리. 천체 지도, 1822, 재미슨

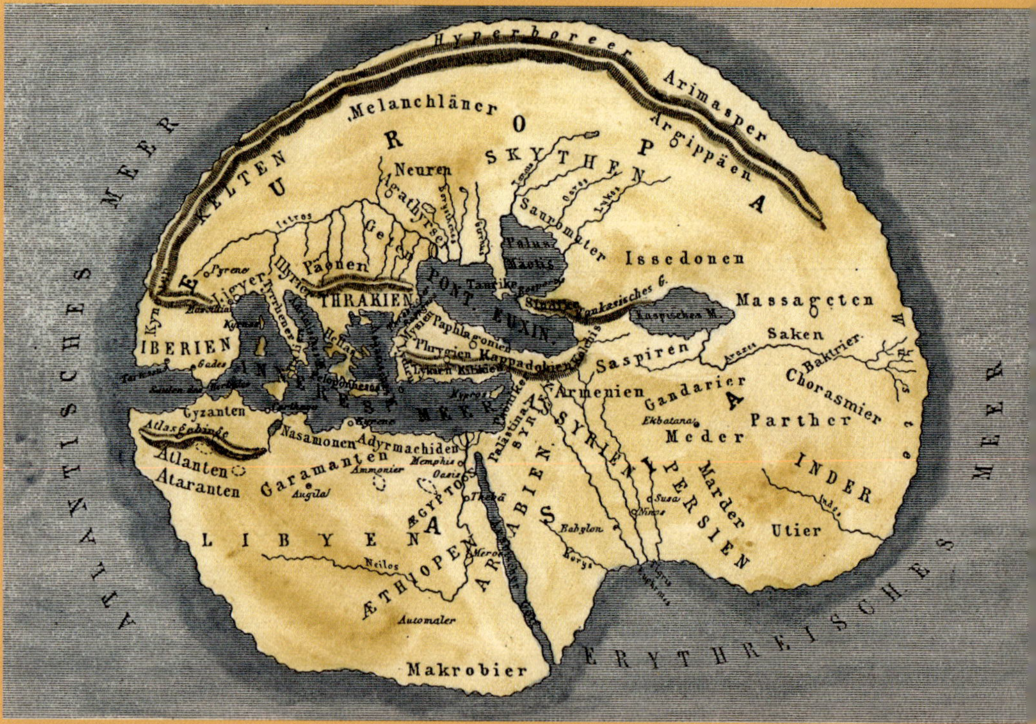

▲ 헤로도토스가 설명하는 세계, 1867, 뵈그너

헤로도토스가 설명하는 세계

헤로도토스는 《역사》에서 기원전 5세기에 알려진 세계를 돌아다녔다. 그의 이야기에서 우리는 끊임없이 이어지는 바다에 둘러싸인, 거의 둥근 대지에 대한 원시적인 시각을 볼 수 있다.

> 가이아는 우라노스를 자기만큼 드넓고 거대하게 만들었다. 그래서 우라노스는 가이아를 완전히 뒤덮었다.

대지와 하늘

그리스 사람들은 땅이 자신들과 지중해 주변으로 거의 대칭적으로 나뉘어 있다고 생각했다. 큰 바다는 둥글면서도 평평한 대지를 완전히 감싸고 있는 강이라고 생각했다. 또한 그들은 불사신이 된 영웅들이 하늘로 올라가 무리를 지어 별자리가 되었다고 생각했다.

경치
자연에 있는 모든 것에는 신들이 있다고 생각했다. 산은 세상이 시작될 때부터 생겨났지만 신들의 전쟁으로 뒤엎어져서 울퉁불퉁해지고 뒤틀려졌다.

강과 숲
강에는 남자 신들이 살았고 냇물, 샘과 나무에는 물의 님프 나이아스, 나무의 님프 드리아스 같은 처녀 신들이 살았다. 몸통이 곧고 나무가 단단한, 그래서 창을 만들기에 최고인, 물푸레나무는 특별한 대우를 받았다. 이 나무에 사는 님프 멜리아스는 최초의 여성이다.

화산
생명이 있는 것 같은 모든 것에는 신이 살고 있었다. 활동 중인 화산은 신들의 거대한 대장간이거나 끔찍한 괴물들의 감옥이었다. 그 괴물들이 움직이면 우르릉거리는 소리가 나거나 폭발이 일어났다.

그리스의 메테오라 지역

물푸레나무 숲

시칠리아의 에트나 화산

제우스의 전쟁

　제우스는 분명 살아 있었다. 아직 어른이 될 때까지 자라야 하지만 말이다! 제우스를 돌보는 일을 맡은 것은 바로 님프* 아말테이아였다. 그녀는 먼저 가이아의 조언에 따라 동굴 깊은 곳에서 자라는 나뭇가지에 기저귀를 묶어 아기를 앉혔다. 그렇게 해서 제우스는 하늘에도, 땅에도, 바다에도 있지 않게 되었다. 혹시 크로노스가 의심이 들어 신들에게 묻더라도 모두들 거짓말을 하지 않고 아무 데도 없다고 말할 수 있을 것이다.

　아기에게 젖을 주기 위해 아말테이아는 몸집이 아주 큰 염소를 데려왔다. 염소는 아기 신의 엄청난 식욕을 채워 줄 수 있을 정도로 젖이 많이 나왔다.

　한 번은 제우스가 염소와 놀다가 갑자기 뿔을 하나 뽑아 버렸다. 어쩔 줄 모르던 제우스는 그 뿔을 아말테이아에게

님프
자연에 사는 신분이 낮은 신들.

주었다. 그 뿔은 놀라운 풍요의 뿔로 변했고, 그 뿔은 님프가 원하는 과일들로 가득 채워졌다. 나중에 염소가 죽자, 제우스는 염소 가죽으로 무적의 갑옷 아이기스를 만들었다.

아기 제우스의 고함 소리와 울음소리를 감추기 위해서는 많은 소리들이 필요했다. 그래서 대지의 여신은 완전 무장*한 다이모니온*들인 쿠레테스를 낳았다. 무장한 쿠레테스는 끝없이 전사의 춤을 추고 전사의 노래를 부르기 시작했다. 그들은 방패를 창으로 치면서 장단을 맞추었다. 제우스는 이런 소란 속에서 들킬 염려 없이 마음껏 소리를 낼 수 있었다!

대지와 하늘의 희망인 아기 신은 이렇게 자라났다.

어른의 나이가 되어 크로노스와 싸우기로 마음먹은 제우스는 오케아노스의 딸인 꾀 많고 영리한 메티스에게 상의하러 갔다. 메티스는 제우스에게 토하게 하는 약을 주었고, 레아가 그 약을 크로노스에게 먹였다. 끔찍한 경련을 일으킨 크로노스는 먼저 제우스 대신 삼켰던 큰 돌덩이를 토해 냈다. 다음으로는 두 아들 포세이돈과 하데스, 그리고 세 딸 헤라, 데메테르, 맏딸 헤스티아를 차례로 토해 냈다. 제우스는 이제 더 이상 혼자가 아니었다!

무장
전투에 필요한 장비를 갖춤.

다이모니온
정령으로, 신령스러운 기운이나 혼령.

그러나 크로노스에게 대항하기에는 아직 충분하지 않았다. 티탄 족인 크로노스는 자기편인 형제들(오케아노스만 빼고)이 있었다. 형제들은 크로노스만큼 몸집이 컸고 크로노스의 자식들보다 훨씬 더 힘이 셌다.

그들과 맞서는 제우스는 무기라고는 무적의 아이기스밖에 없었고 동맹이라고는 형제자매들밖에 없었다. 그래서 제우스는 다른 신들을 낳았고, 그 신들은 당연히 제우스를 도우러 왔다. 그들은 그리스에서 가장 높은 산인 올림포스 산 꼭대기에 진을 쳤다*. 그래서 이 신들을 올림포스 신들이라 부르게 되었다.

다른 동맹들도 제우스를 도우러 왔는데 이건 좀 뜻밖이었다. 그들은 바로 티탄 족 이아페토스의 아들 중 가장 똑똑한 프로메테우스와 오케아노스의 딸인 지옥의 강 스틱스였다. 스틱스는 자식인, 권력 크라토스와 힘 비아를 데리고 왔다. 제우스는 크라토스와 비아를 심복*으로 두고 늘 자기 곁에 있도록 했다. 제우스는 고마움의 표시로 스틱스에게 신들의 맹세*를 지키는 일을 맡겼다.

맹세를 어기는 자는 조심해야 했다! 맹세를 어긴 자는 신의 해로 10년 동안 타르타로스 깊은 곳에서 꼼짝도 못 하고 갇혀 있어야 하기 때문이다. 신의 10년이란 긴 세월이

진을 치다
자리를 차지하다.

심복
마음 놓고 믿을 수 있는 부하.

맹세
약속을 하는 것. '스틱스에 대고 서약을 하는 것'. 그러면 스틱스는 약속이 잘 지켜지게 해 주었다.

다. 1년이 인간의 천 년에 해당하므로…….

그런데 이 모든 전사들은 서로 밀고 밀리면서 10년 동안 계속 전쟁을 했다. 신들의 10년 동안 말이다.

제우스는 우라노스와 가이아에게 조언을 구하러 갔다.

"우리 모두의 어머니인 대지의 여신이여, 저를 도와주십시오! 내 아버지 크로노스가 위험하다는 것을 잘 알고 계시지요. 자기 아버지를 불구자로 만들었고 자식들도 삼켜 버렸으니 말입니다. 크로노스는 아무것도 무서워하지 않습니다. 제발 크로노스를 무찌를 수 있도록 도와주십시오. 만약 제가 이기면 질서와 정의가 세상을 지배할 수 있도록 온 힘을 다할 것을 약속드립니다."

"네가 약속을 지키리라는 걸 잘 안단다, 제우스. 내 말을 들어라. 티탄들 편에서 싸우지 않는 티탄들의 부모를 동맹으로 삼아라."

타르타로스의 가장 깊숙한 곳, 가이아의 배 속에는 키클롭스와 헤카톤케이레스가 아직도 갇혀 있었다. 제우스는 그들의 사슬을 풀어 주고 영원한 동맹을 약속했다. 이 동맹을 맹세하기 위해 제우스는 그들에게 올림포스 신들의 영생*의 음식과 음료수인 암브로시아*와 넥타르*를 주었다.

그러자 키클롭스는 크로노스의 자식들에게 귀한 무기들

영생
영원한 생명. 또는 영원히 삶.

암브로시아
'불사(不死)'라는 뜻의 식물로, 꿀보다 달고 좋은 향기가 나며 늙지도 않고 죽지도 않는 효력이 있다고 한다.

넥타르
신비로운 술로, 이 술을 마신 사람은 죽지 않는다고 한다.

을 주었다. 제우스에게는 벼락과 번개와 천둥을, 포세이돈에게는 대지도 뒤흔들 수 있을 만큼 강력한 삼지창*을, 하데스에게는 상대가 나를 보지 못하게 하는 투구를 주었다. 헤카톤케이레스는 팔다리의 강한 힘을 얻었다.

싸움은 훨씬 더 격렬해졌다.

포세이돈은 삼지창으로 땅을 뒤흔들어 산 위에 있는 티탄들을 비틀거리게 만들었다. 보이지 않게 하는 투구를 쓴 하데스는 뒤쪽에서 공격하려고 적진을 돌아갔다. 제우스의 벼락으로 산들이 무너져 내렸고 숲이 불탔다. 곳곳이 폐허가 되고 황폐해졌다. 대지가 괴로워하며 신음했고, 혼란에 빠진 바다가 화가 나 울었고, 하늘이 으르렁거렸다. 그리고 나서 헤카톤케이레스는 무너진 산들에서 큰 바위들을 뽑아 티탄들에게 던졌다. 한 번에 300개씩이나 던졌다! 티탄들은 곧 거대한 바위 더미 아래로 사라져 버렸다. 이제 티탄들을 잡아서 안개 자욱한 타르타로스의 아주 깊은 바닥으로 끌고 가 가둬 버리는 일만 남았다.

티탄들은 그 후로 대지 표면에서뿐만 아니라 하늘에서도 아주 멀어지게 되었다. 하늘 위에서 모루*를 던지면 대지까지 닿는 데 9일 낮과 9일 밤이 걸렸다. 대지에서 모루를 던지면 타르타로스 바닥까지 닿는 데 또 그만큼의 시간이

삼지창
끝이 세 갈래로 갈라진 큰 창.

모루
대장장이가 쇠를 올려놓고 두드릴 때 받침으로 사용하는 무거운 쇳덩어리.

걸렸다. 더 확실히 하기 위해 포세이돈은 타르타로스 안에 티탄들 주변으로 거대한 성벽을 쌓았다. 그 성벽은 영생의 음식을 준 제우스에게 고마워하는 헤카톤케이레스가 항상 지켰다.

마침내 평화가 오는 것 같았지만, 사실은 아니었다! 가이아는 괴물들을 끔찍하게 아꼈다! 자기 자식인 티탄들을 타르타로스 바닥에 가둬 버린 이들에게 화가 난 가이아는 피로 태어난 자식들인 뱀 꼬리를 가진 기간테스를 그들과

맞서도록 부추겼다*. 그들의 싸움은 길고 처절*했지만 올림포스 신들이 결국 이겼다.

그 후 가이아는 타르타로스와 결합하여 자신의 깊은 곳에서 마지막 자식이 나오게 했다. 바로 그가 지금까지 낳았던 자식들보다 더 크고 더 끔찍한 티폰이었다. 티폰이 대지에서 솟아날 때 대지는 온몸을 떨었다. 티탄들조차 자기 감옥의 벽이 흔들리는 것을 느꼈다.

티폰의 몸집은 산만큼 컸으며, 거대하고 마디가 많은 팔다리가 있었다. 게다가 더 흉측하게도 독이 나오는 송곳니

부추기다
남을 이리저리 들쑤셔서 어떤 일을 하게 만들다.

처절
몹시 처참함.

를 가진 100개의 뱀 머리를 하고 있었고, 쉭쉭 소리를 내며 검고 가는 혀들을 날름거렸다. 그리고 입에서는 끔찍한 소리가 나왔다.

그러나 제우스는 잠을 자지 않고 있다가 자기 무기인 벼락, 번개와 천둥을 잡아서 티폰의 타는 듯한 눈에 쏘았다*. 100개의 번개가 100개의 괴물 머리를 태웠다. 제우스는 회초리처럼 벼락을 한 번 더 휘둘러 크게 열린 타르타로스 깊숙이 티폰을 보내 버렸다.

그러나 안타깝게도 타르타로스가 완전히 닫히기 전에 티폰은 나쁜 바람들을 낳았다. 이 바람들은 폭풍과 태풍 속에서 대지와 바다를 삼켜 버리고 죽음을 가져오는 바람들이었다.

마침내 대지 위에 평화가 가득했고 제우스와 형제들은 우주의 왕권을 나눠 가졌다. 제우스는 모두에게서 올림포스 신들 가운데 최고신으로 인정받았다. 하늘은 그에게 모든 것을 다 주었고, 그 후로 모두들 천둥의 신이자 신들과 인간들의 아버지인 제우스를 공경*했다.

쏘다
창이나 화살 같은 것을 던지다.

공경
공손히 받들어 모심.

세상이 생겨난 지 얼마 안 되던 때에는 괴물들과 신들의 싸움이 잦았다. 이 싸움은 원시 야만 시대 후에 문명의 도래를 예고하는 것이었다. 그리스 사람들은 상상력을 발휘하여 이 시기에 대한 예술적 창작물들을 만들어 냈다.

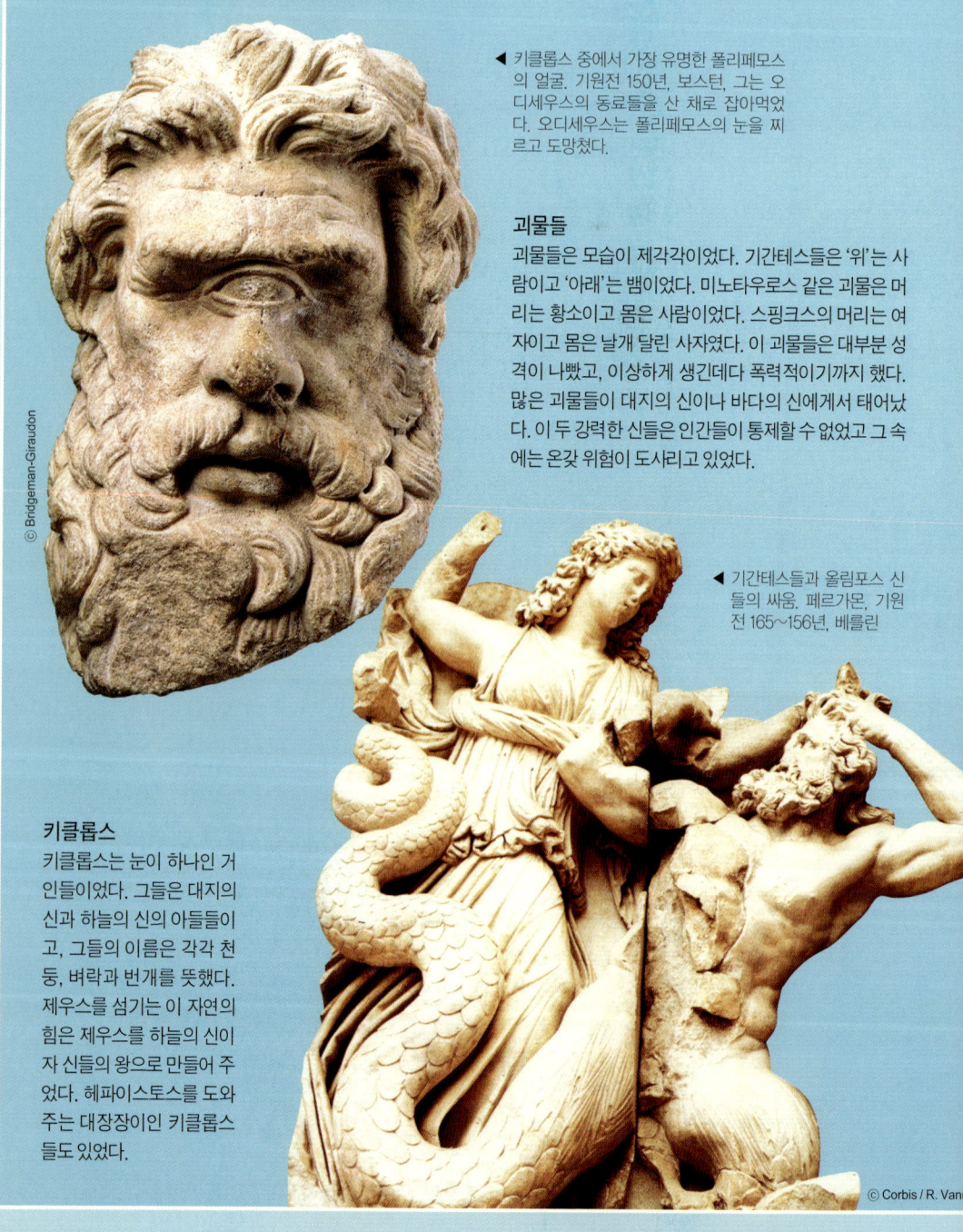

◀ 키클롭스 중에서 가장 유명한 폴리페모스의 얼굴. 기원전 150년, 보스턴. 그는 오디세우스의 동료들을 산 채로 잡아먹었다. 오디세우스는 폴리페모스의 눈을 찌르고 도망쳤다.

괴물들
괴물들은 모습이 제각각이었다. 기간테스들은 '위'는 사람이고 '아래'는 뱀이었다. 미노타우로스 같은 괴물은 머리는 황소이고 몸은 사람이었다. 스핑크스의 머리는 여자이고 몸은 날개 달린 사자였다. 이 괴물들은 대부분 성격이 나빴고, 이상하게 생긴데다 폭력적이기까지 했다. 많은 괴물들이 대지의 신이나 바다의 신에게서 태어났다. 이 두 강력한 신들은 인간들이 통제할 수 없었고 그 속에는 온갖 위험이 도사리고 있었다.

◀ 기간테스들과 올림포스 신들의 싸움. 페르가몬. 기원전 165~156년, 베를린

키클롭스
키클롭스는 눈이 하나인 거인들이었다. 그들은 대지의 신과 하늘의 신의 아들들이고, 그들의 이름은 각각 천둥, 벼락과 번개를 뜻했다. 제우스를 섬기는 이 자연의 힘은 제우스를 하늘의 신이자 신들의 왕으로 만들어 주었다. 헤파이스토스를 도와주는 대장장이인 키클롭스들도 있었다.

© Corbis / C. Aurness

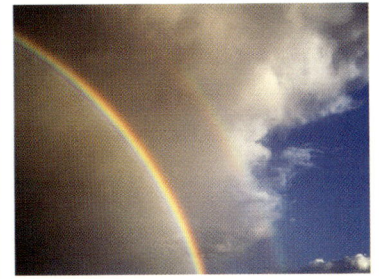

무지개

올림포스 신들

그리스 사람들에게 있어서 문명은 질서와 아름다움이 지배하는 것이었다. 그 이전에 존재했던 잔인함과 흉측함이 사라지지는 않았지만 어느 정도 통제가 가능했다. 올림포스 신들은 아름다웠고 균형 잡힌 몸매를 가지고 있었다.

제우스

하늘과 대기 현상의 신인 제우스의 상징은 독수리였고, 그의 심부름꾼은 여신 이리스였다. 이리스의 스카프는 무지개를 만들었다.

마침내 대지 위에 평화가 가득했고 제우스와 형제들은 우주의 왕권을 나눠 가졌다.

© Corbis / R. Sanford

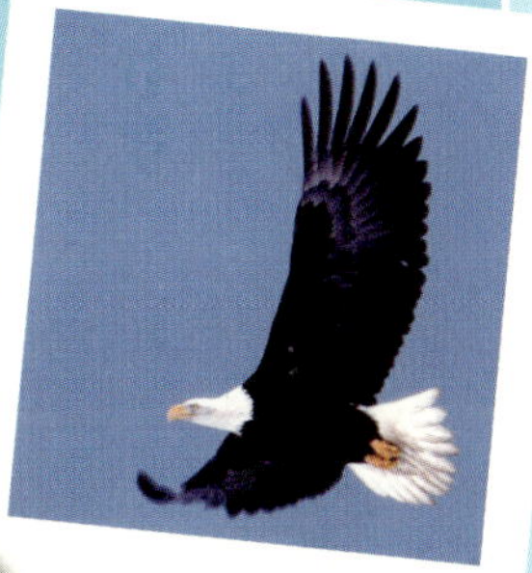

독수리

▶ 신들의 회의, 기원전 375년경, 베를린

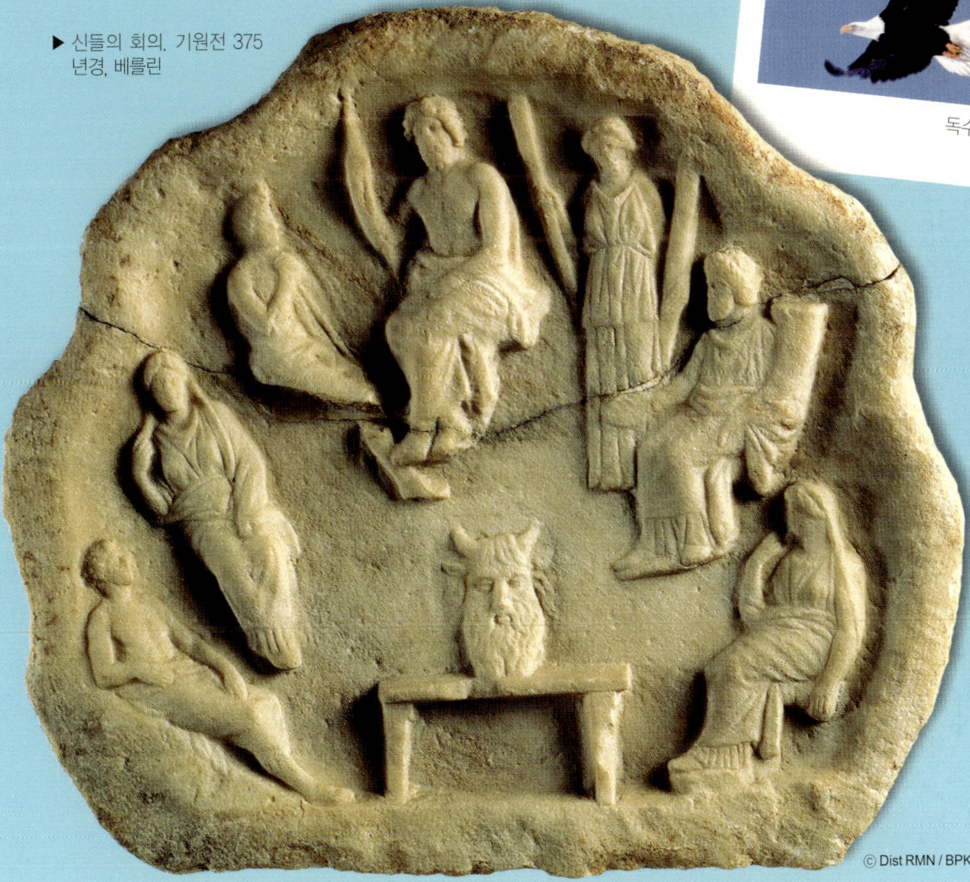

© Dist RMN / BPK

프로메테우스와 인간들

크로노스가 지배하던 신들의 시대 초기에 인간들이 태어났다. 어떻게, 누구에게서 태어났는지는 아무도 모른다. 아마도 우주의 어머니인 대지에게서 태어났을 것이다.

신들과 인간들은 다를 것이 거의 없었다. 인간들도 신들처럼 늘 젊었고, 배고픔도 고통도 병도 알지 못했고, 피곤하지도 가난하지도 않았다. 땅은 기름졌고, 인간들이 일하지 않아도 땅은 온갖 열매를 인간들에게 주었다. 인간들은 신들과 함께 연회*와 축제를 벌이며 지냈다.

그러나 인간들은 죽게 되어 있었다. 그 점이 바로 영원히 사는 신들과 인간들의 다른 점이기 때문에 그들을 인간, 다시 말해 '죽게 되어 있는 사람'이라는 이름을 붙여 주었다. 그렇지만 죽음은 조용하게 찾아왔다. 인간들이 충분히 살고 나면 잠이 들면서 편안히 죽었다. 이 첫 번째 인간 종

연회
축하, 위로, 환영, 이별 따위를 위하여 여러 사람이 모여 베푸는 잔치.

족을 황금 종족이라 불렀고 이 시기를 황금시대라고 했다.
　이 종족은 크로노스의 지배가 끝나면서 함께 사라졌다. 그 후로는 점점 덜 현명하고 점점 덜 행복한 인간 종족들이 뒤를 이었다. 그들은 은의 종족, 청동의 종족, 철의 종족이었다.

　인간들이 신들에게 반항하는 때가 찾아왔다. 신들이 요구하는 **제물***이 지나치다는 생각이 들자 인간들은 복종하기를 거부했다. 기분이 상한 신들은 인간들을 엄하게 벌주기로 했다. 이 대립의 심판을 맡은 신이 바로 티탄 족 이아페토스의 아들 프로메테우스였다. 그런데 그는 약한 인간들에게 마음이 흔들렸다. 그는 앞으로는 신들의 것과 인간들의 것을 분명히 구분하자고 제안했다. 인간과 신들은 프로메테우스의 제안에 따르기로 하였고, 선택은 제우스에게 맡기기로 했다.
　그러기 위해서 이아페토스의 아들은 소 한 마리를 제물로 바쳤고, 소를 두 몫으로 나눴다. 한쪽에는 뼈를 쌓아 새하얗고 보기 좋은 기름기로 덮었으며, 다른 한쪽에는 고기 전부를 보기에도 메스꺼운 소의 위장으로 덮어 숨겼다. 그러고 나서 그는 최고신 제우스에게 두 쪽 중 신들에게 줄

제물
신을 공경한다는 표시로 사람들이 죽여서 신에게 바치는 동물.

것을 고르라고 했다. 제우스는 맛있어 보이는 쪽을 골랐다. 그런데 기름기를 들췄을 때 고기가 없는 뼈 더미가 나오자 제우스는 엄청나게 화가 났다. 그렇지만 어쨌든 신들은 이것을 받아들일 수밖에 없었다. 제물로 바쳐진 동물의 뼈와 기름기는 제단 위에서 불태워졌고 연기가 되어 신들에게 올라갔다. 맛있고 영양 많은 고기는 인간들 몫이 되어 인간들은 고기를 구워서 먹었다.

제우스는 이아페토스의 아들과 인간들에게 화가 났다. 그는 보복으로, 벼락으로 나무 태우는 걸 멈추게 했고 인간들의 삶을 비참하게 만들어 버렸다. 고기와 빵을 구울 불도, 추위와 어둠으로부터 보호해 줄 불도 이젠 없기 때문이었다. 그러나 프로메테우스는 인간들을 버리지 못했다. 그는 몰래 하늘의 벼락에 다가가서 불똥 하나를 훔쳤다. 그러고는 움푹 파인 나무줄기에 넣어서 인간들에게 불을 돌려줬다. 땅 위에서 불빛이 다시 빛나는 것을 봤을 때 제우스는 훨씬 더 화가 났다.

제우스는 올림포스 산의 모든 신들을 불러 모았다. 대장간의 신 헤파이스토스에게 젖은 흙 조금으로 여신같이 우아한 인간을 만들라고 시켰다. 바로 여자를 만들라는 것이었다! 아테나는 여자에게 수놓은 튜닉*을 입히고 보석으

튜닉
허리 밑까지 내려와 띠를 두르게 되어 있는 여성용의 낙낙한 블라우스 또는 코트.

로 장식했다. 아프로디테는 아름다움과 매력을 부어 주었다. 마지막으로 제우스의 심부름꾼 헤르메스는 여자의 입에 아름다운 목소리를, 가슴에는 거짓말을 넣어 주었다. 그 여자를 판도라*라 이름지었고 그 여자에게서 여자 인간 종족이 태어났다.

　헤르메스는 제우스의 명령으로 여자를 프로메테우스의 동생 에피메테우스에게 데려갔다. 동생은 형보다 훨씬 덜 똑똑했기 때문이다! 프로메테우스는 올림포스 신들이 주는 것은 하나도 좋을 것이 없다는 걸 잘 알고 있었다. 형이 조심하라고 했지만, 에피메테우스는 아름다운 판도라에게 반해서 그녀와 결혼해 버렸다. 그런데 그녀는 결혼 선

판도라
그리스 어로 '모든 선물을 받은 여인'이라는 뜻이다.

물로 잘 다듬어진 예쁜 상자를 가지고 왔다. 신들이 준 선물이기 때문에 프로메테우스는 동생에게 상자를 열지 말라고 했다. 그런데 판도라가 있다는 걸 미처 생각하지 못했다! 에피메테우스가 등을 돌리자마자 판도라는 상자를 들어 감히 열어 보지는 못하고 이리저리 뒤집어 보았다. 귀에 대어 보니 숨 가쁜 목소리들이 마치 말을 거는 것처럼 들렸다. 너무나 궁금해진 판도라는 조금씩 마음을 가다듬었다.

에피메테우스가 아무것도 모를 거라고 생각한 그녀는 상자를 살짝 열었다. 그것밖에는 한 일이 없었다! 그녀가 들었던 목소리는 고통과 불행의 소리였다. 병, 슬픔, 고통, 범죄, 이 모든 것들이 상자에서 빠져나와 날아갔다. 겁에

질린 판도라는 얼른 상자를 닫았지만 이미 늦어 버렸다! 불행은 벌써 땅 위, 인간들 사이로 퍼졌다. 곳곳에서 한숨 소리와 울음소리만이 들려왔다. 판도라는 자기 행동을 후회했지만 소용없었다. 그런데…… 또 무엇이 아직도 남아 있을까? 상자 안에서 아주 작은 신음 소리가 들려왔다. 더 이상 잃을 게 없다고 생각한 판도라는 또다시 상자를 열었다.

 이번에는 그녀의 생각이 옳았다! 상자 안에 아직 갇혀 있던 것은 바로 희망이었기 때문이다. 희망은 풀려나자 땅 위 여기저기로 돌아다녔다. 희망은 인간들의 모든 아픔에 유일한 **위안***이 되어 주었다.

 인간들에 대한 제우스의 복수는 이렇게 이뤄졌으며, 프로메테우스에 대한 복수 또한 아주 잔인했다. 제우스는 프로메테우스를 카프카스 산에 사슬로 영원히 묶어 두었다. 독수리가 날마다 그의 간을 쪼아 먹었고, 밤이면 간이 다시 만들어졌다.

 다행히 어느 날 헤라클레스가 카프카스 산을 지나고 있었다. 그는 **열두 가지 과업***을 치르는 중이었다. 그는 불행한 프로메테우스를 도와주러 달려갔다. 그는 독수리를 화살로 쏴 죽이고 사슬을 끊어 주었다. 제우스는 프로메테우스를 풀어 주는 것을 허락했다. 프로메테우스가 제우스에

위안
위로하여 마음을 편하게 함. 또는 그렇게 하여 주는 대상.

열두 가지 과업
헤라클레스에게 지워진 열두 가지 시련.

게 복종하겠다는 조건에서였다. 프로메테우스는 스틱스에 대고 그러겠다고 맹세했다.

이 일이 있은 훨씬 후에 (프로메테우스와 에피메테우스는 벌써 자식들이 있었다), 인간들의 폭력과 신에 대한 모독*이 너무 심해져 제우스는 다른 신들의 동의를 얻어 인간들을 완전히 없애 버리기로 마음먹었다.

제우스는 폭풍우를 보냈다. 엄청난 홍수가 나 평야와 산이 완전히 잠겨 버렸다.

미래를 내다볼 줄 아는 프로메테우스는 땅에서 살고 있던 아들 데우칼리온에게 홍수가 날 것을 미리 알려 줬다. 그리고 아내 피르하*와 잠시 몸을 피해 있으라고 충고했다. 데우칼리온은 커다란 배를 만들어서 대홍수 동안 그 안에 피해 있었다. 배는 9일 낮과 9일 밤을 떠다녔다. 10일째 되는 날, 모든 인간들이 사라진 것을 본 제우스는 비를 그치게 했다. 물이 빠지자, 배는 파르나소스 산에 도착했다. 부부는 배에서 나와 주변이 황폐해진 것을 보면서 한숨지었다.

"이제 이 세상에는 우리 둘만 살아 있는 건가요? 내 사랑 데우칼리온, 이제 우린 어쩌면 좋죠?"

제우스는 피르하와 데우칼리온의 얘기를 들었고 그들에

신에 대한 모독
신들에 대한 존경심, 경건함이 없는 것.

피르하
에피메테우스와 판도라의 딸.

게 가장 원하는 소원을 들어주겠다고 약속했다.

"함께 지낼 사람들이 있으면 좋겠습니다."

프로메테우스의 아들이 부탁했다.

"어깨 너머로 너희 어머니의 뼈를 던져라. 그러면 소원이 이뤄질 것이다."

제우스가 대답했다.

그런 불경한* 행동을 해야 한다는 생각에 겁이 난 불쌍한 두 사람은 서로를 쳐다봤다. 그러다 무엇인가 생각난 듯 데우칼리온이 소리쳤다.

불경하다
경의를 표해야 할 자리에서 무례하다.

"우리 어머니는 바로 대지야! 그리고 어머니의 뼈는 바로 돌이고!"

그는 조약돌들을 주워 하나씩 등 뒤로 던졌다. 축축한 땅에 돌이 닿자 물렁물렁해지더니 점점 커져서 사람의 모습이 되었다. 피르하가 던진 돌들에서는 여자가 태어났고 데우칼리온이 던진 돌들에서는 남자가 태어났다.

그렇게 해서 마지막 인간 종족인 우리들이 생겨난 것이다.

인간들과 신들은 완전히 다른 것으로 생각되었고 그들의 관계는 엄격하게 짜여져 있었다. 인간들의 삶은 신들에게 달려 있었다. 따라서 신들의 마음에 들려면 해야 할 일들이 있었다. 그리스 종교는 개인적이기보다는 사회적이었다. 왜냐하면 종교는 신앙이나 개인의 양심 문제가 아니라 따라야 할 의식의 문제였기 때문이다.

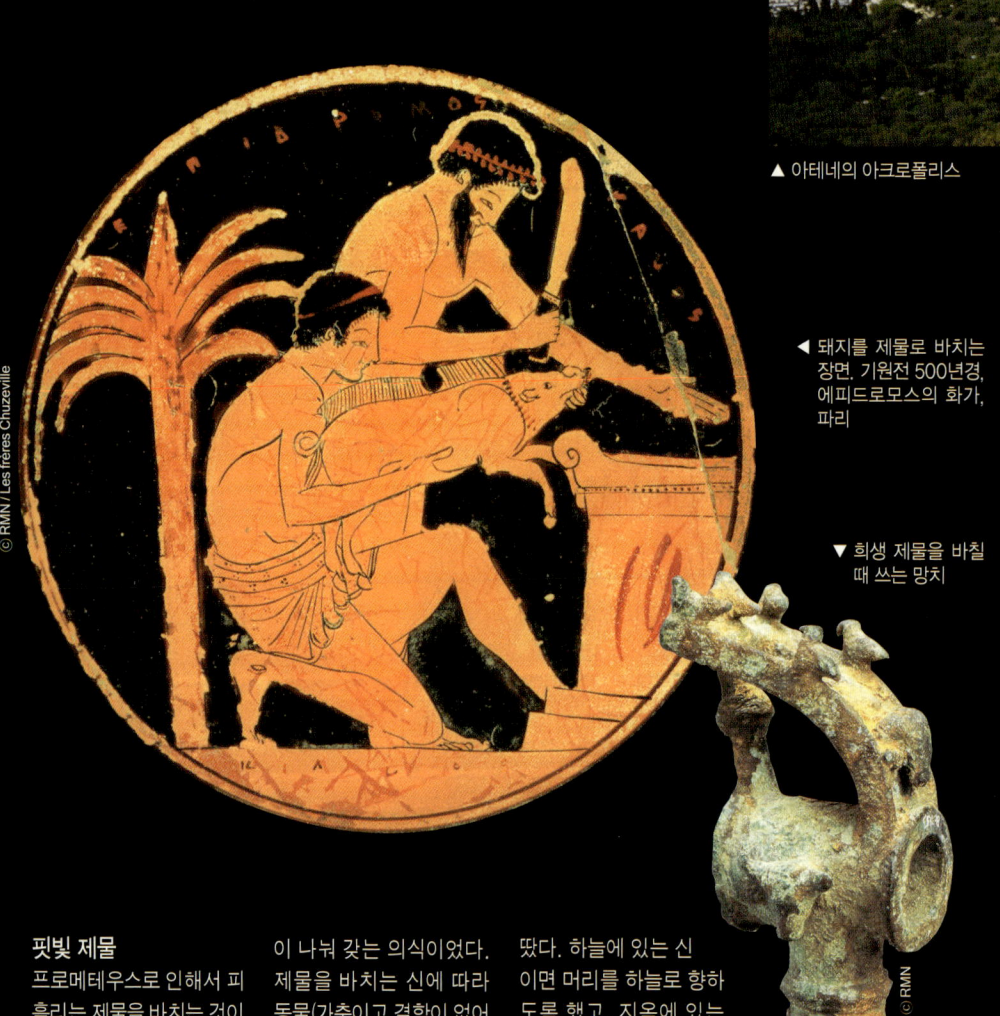

▲ 아테네의 아크로폴리스

◀ 돼지를 제물로 바치는 장면. 기원전 500년경, 에피드로모스의 화가, 파리

▼ 희생 제물을 바칠 때 쓰는 망치

핏빛 제물

프로메테우스로 인해서 피 흘리는 제물을 바치는 것이 그리스 종교의 중심 행위가 되었다. 그것은 한 마리의 동물을 죽여서 신과 인간들이 나눠 갖는 의식이었다. 제물을 바치는 신에 따라 동물(가축이고 결함이 없어야 한다)을 골랐다. 먼저 망치나 도끼로 동물을 기절시킨 다음 제단 앞에서 목을 땄다. 하늘에 있는 신이면 머리를 하늘로 향하도록 했고, 지옥에 있는 신이나 죽은 사람이면 땅으로 숙이도록 했다.

ⓒ Corbis / S. Vanni

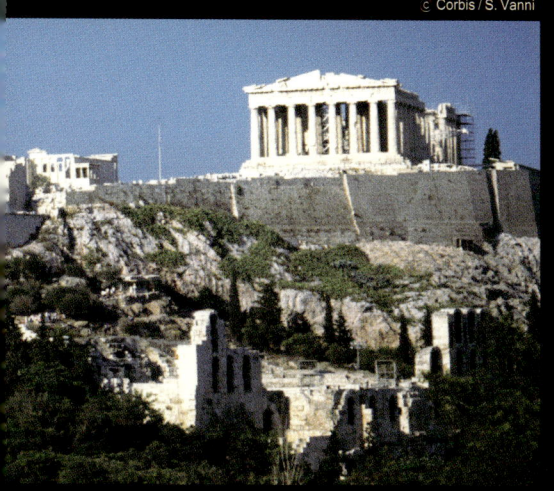

아크로폴리스

성소는 신에게 바쳐진 곳이다. 아테네의 아크로폴리스에 있는 중심 신전은 처녀신 아테나에게 바쳐진 파르테논 신전이다. 그 주변으로 아테나 여신이나 다른 신들과 영웅들에게 바쳐진 다양한 건물들이 있다.

봉헌

신들에게 과일, 곡물, 케이크도 바쳤다. 땅, 제단이나 희생 제물 위에 액체를 부어서 바치는 것을 헌주라고 한다. 어떤 종류의 봉헌이든 기도도 함께 이뤄졌다.

▼ 헌주. 기원전 500년, 아르고스의 화가, 파리

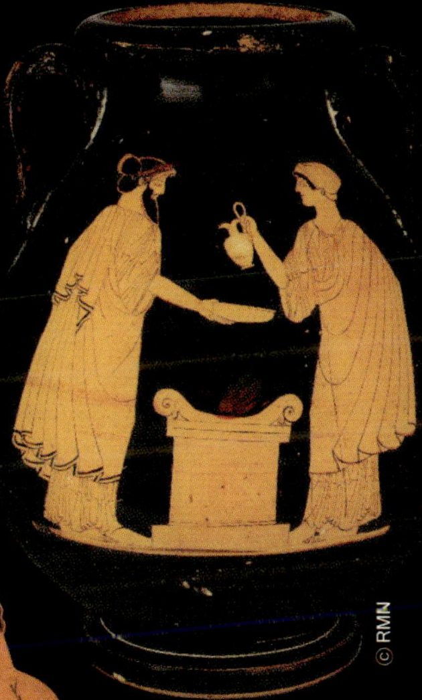

ⓒ RMN

신들이 요구하는 제물이 지나치다는 생각이 들자 인간들은 복종하기를 거부했다.

▼ 희생 제물을 바치는 장면. 기원전 500년경, 파리

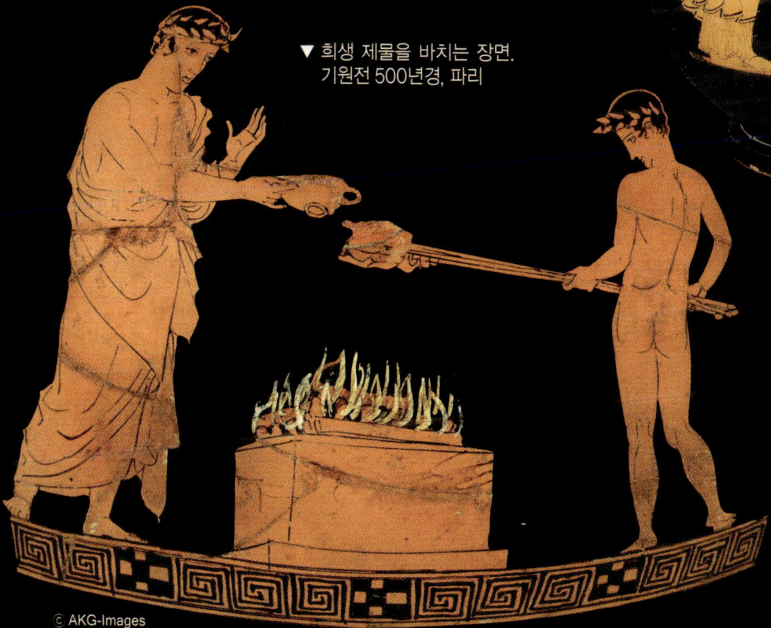

ⓒ AKG-Images

분배

제물을 잘게 저미고 자른 후, 뼈와 기름기는 불 속에 던져 그 위에 헌주한 포도주를 부었다. 거기서 생기는 연기는 신들의 몫이었다. 고기의 일부는 긴 꼬치에 꿰어서, 또 일부는 솥에 넣어 익힌 후 의식에 참가한 사람들이 나눠 먹었다.

제우스의 사랑

제우스가 세상의 질서를 돌보느라 바빠서 사랑을 생각지도 못한 건 아니었다. 제우스는 먼저 오케아노스의 딸인 지혜의 여신 메티스와 결혼했고, 그녀는 금방 임신했다. 제우스는 자기 아버지와 선조*를 보고 배운 까닭에 어렵게 얻은 왕위를 잃고 싶지 않았다. 자신도 앞으로 태어날 아들을 경계해야 하지 않을까? 모든 것을 알고 있는 선조인 대지의 여신에게 이것에 대해 물었다.

"물론 메티스에게서 아들이 태어난다면 너에게서 왕위를 빼앗을 것이다."

그러면 운명의 위협을 어떻게 피할 수 있을까? 제우스도 아버지 크로노스를 흉내 냈다.

다만 다른 점이 있다면 제우스는 아내를 삼켜 버렸다는 것이다. 그날 이후로 제우스는 메티스를 자기 안에 통째로

선조
먼 윗대의 조상.

가지게 되었다. 신중, 지혜, 총명함을 갖추게 된 것이다. 그 덕분에 제우스는 신들과 인간들을 완벽하게 다스릴 수 있었다. 메티스가 품고 있던 아기는 제우스 안에서 자랐다.

그 아기를 세상에 나오게 한 것은 바로 제우스였다. 그 아기가 바로 위대한 여신 아테나, 제우스가 사랑하는 딸이었다.

율법
종교·사회·도덕적 생활과 행동에 관하여 신의 이름으로 정한 규범.

제우스는 메티스 다음으로는 티탄 족인 율법*의 여신 테미스와 결혼했다. 그 사이에서 세 명의 모이라가 태어났다. 이들은 인간 각자의 운명을 지켜 주는 운명의 여신들이었다.

이 여신들은 행운과 불운을 나눠 주고 운명의 실을 풀어 주었다. 첫째는 실을 뽑고, 둘째는 실을 나눠 주고, 셋째는 실을 끊는 일을 했다. 실이 끊어지면 죽는 것이다.

제우스는 늘 이들의 결정을 받아들였다. 죽어야 하는 인간이 제우스가 아끼는 인간이더라도 말이다. 그렇지 않으면 질서를 어기는 일이 되기 때문이었다.

제우스는 세 번째로 자기 누이 헤라와 결혼했다. 제우스가 올림포스 산의 주인이기 때문에 헤라는 올림포스 산의 여주인이 되었다. 그들의 결혼은 멋졌다.

　헤라와 제우스의 자식들은 아레스와 헤파이스토스, 에일레이티이아와 헤베였다. 청춘의 여신 헤베는 올림포스 신들에게 금으로 만든 잔에 넥타르를 부어 주었다. 에일레이티이아는 헤라 곁에서 여자들이 아기 낳는 것을 도와주었다. 여자들을 보호하고 결혼과 출산을 주관하는 일은 주로 헤라가 하는 일이었다.

　그렇지만 헤라는 아주 불행한 아내였다! 제우스는 정식으로 결혼했지만 여신들, 님프들이나 여자들을 계속 유혹했다. 이들이 모두 마음에 들었기 때문이다.

　제우스가 계속 바람을 피우자 헤라는 점점 더 질투심이 많아지고 잔인해졌다. 헤라는 바람기 있는* 남편을 끊임없이 몰래 살피고 조사했다. 이번에는 어떤 여자나 여신이 그의 마음을 빼앗아 갔는지, 어떤 아기가 또 태어났는지 알기 위해서였다. 헤라는 무서운 남편을 벌할 수는 없으므로 그의 연인에게 냉혹하고 잔인하게 복수했다. 그 연인이 인간일 때는 더더욱 그랬다!

　제우스가 사랑한 첫 번째 여자는 이오 공주였다. 그녀는

바람기 있다
충실하지 못하고, 마음이 잘 변하다.

이나코스 강의 신인 이나코스의 딸이었다.

헤라가 무엇인가 의심하는 듯하자, 제우스는 애인을 보호하기 위해 새하얀 암소로 변신시켰다. 그래서 그는 거짓말하지 않으면서 아내에게 자신은 이 동물을 사랑한 적이 없다고 맹세할 수 있었다!

그러나 헤라는 아름다운 암소를 자기에게 맡기라고 했다. 그리고는 눈이 100개나 되는 괴물 아르고스에게 엄중하게 감시시켰다. 이 괴물은 훌륭한 파수꾼*이었다. 한꺼번에 눈 50개 이상을 감는 법이 절대 없었고, 따라서 눈 50개는 늘 뜨고 있었다.

파수꾼
경계하여 지키는 일을 하는 사람.

그런데 제우스는 애인에게 가까이 가고 싶었다. 제우스는 헤르메스에게 이 끔찍한 파수꾼을 죽이라고 했다. 꾀 많은 헤르메스는 판*의 피리를 불어 아르고스를 완전히 잠재운 후 큰 돌로 죽여 버렸다. 그러자 신들의 아버지 제우스는 자유롭게 이오를 사랑할 수 있게 되었다. 슬프면서도 화가 난 헤라는 자신에게 충성을 바쳤던 파수꾼에게 경의를 표하면서 복수를 시작했다.

헤라는 괴물의 눈 100개를 뽑아 자기가 좋아하는 새인 공작의 깃털을 장식했다. 그런 다음 지칠 줄 모르는 쇠파리 한 마리를 이오에게 보냈다. 이 끔찍한 파리는 이오의

판
상반신은 사람의 모습이고 다리와 꼬리는 염소 모양이며 이마에 뿔이 있다. 숲, 사냥, 목축을 맡아보는 신이다.

피까지 빨아먹어 암소의 아름다운 흰 털을 빨간색으로 얼룩지게 만들었다.

너무나 고통스러웠던 이오는 정신없이 도망치기 시작했다. 이오는 땅을 지나고 바다를 건너 펠로폰네소스와 그리스를 떠났다. 그리고 자기 이름을 딴 이오니아 해의 해변을 따라가다가 유럽과 아시아 사이의 해협을 단번에 뛰어넘었다. 그 후로 이 해협을 '암소가 지나간 곳'을 뜻하는 보스포루스라 불렀다. 이오는 오랫동안 달려 아시아를 지나 이집트로 몸을 피했다.

그녀는 그곳에서 마침내 발길을 멈추었고, 그동안 뱃속에 넣고 다녔던 제우스의 아들 에파포스를 낳았다. 에파포스는 훌륭한 후손들의 선조가 되었다.

제우스는 교훈을 얻었다. 그 이후로 아내의 무서운 눈을 피하기 위해, 유혹하고 싶은 여자들에게 다가갈 때에는 모습을 바꾸었다.

제우스는 처녀 에우로페에게 다가가기 위해 멋진 황소의 모습을 했다. 그녀는 페니키아 **시돈***의 공주로 이오의 후손이었다.

시돈
서아시아의 레바논 남서부에 있던 페니키아의 도시 국가. 기원전 13세기경부터 번영했으나, 기원전 7세기에 아시리아에 의하여 멸망하였다.

그녀가 시녀들과 해변에서 수영하고 있을 때, 제우스는 천천히 조심스럽게 그녀에게 다가갔다. 커다란 콧방울과 초승달 모양의 큰 뿔을 공손히 숙이고 나서 그녀 앞에 무릎을 꿇었다.

에우로페는 처음에는 겁에 질렸지만 금방 안심했다. 그러고는 곧 황소를 쓰다듬고 함께 놀기 시작했다. 그러나 그녀가 등에 타자 제우스는 벌떡 일어나 그녀를 태운 채 바다 쪽으로 달려갔다. 에우로페는 황소의 뿔에 꼭 매달린 채 소리치고 울었지만 소용없었다.

제우스는 고요하고 반짝거리는 파도 위를 날듯이 달렸다. 이 멋진 여행에 조금씩 황홀해진 그녀는 크레타 섬에 도착하자 제우스에게 반해 버렸다. 그 섬에서 그들은 아주 평온하게 서로를 사랑했다.

그곳에서 세 아들 미노스, 라다만티스, 사르페돈이 태어났다. 미노스와 라다만티스는 훨씬 후에 지옥의 재판관이 되었고, 사르페돈은 트로이 전쟁에서 용감하게 싸우다 죽었다. 제우스는 몸을 빌렸던 황소에 대한 고마움의 표시로 소의 가죽을 하늘로 올려 **별자리***로 만들어 주었다.

제우스는 여왕 **레다***에게는 눈처럼 하얀 백조의 모습으

별자리
알아볼 수 있게 모여 있는 별들의 무리.

레다
그리스 신화에 나오는 스파르타의 왕비.

로 다가갔다. 레다는 얼마 후 두 개의 큰 알을 낳았다. 한 알에서는 두 아들이, 다른 알에서는 두 딸이 나왔다.

그러나 그녀의 남편 틴다레오스도 제우스와 같은 날 레다와 사랑을 나눴다. 카스토르와 클리타임네스트라의 아버지가 틴다레오스였고, 헬레네와 폴리데우케스는 제우스의 자식이었다. 인간들 중 가장 아름다운 헬레네는 트로이 전쟁의 원인이 되어 수많은 그리스 영웅들이 그 전쟁에서 목숨을 잃었다.

클리타임네스트라는 고통스러운 삶을 살았고, 가까운 사람들도 고통받게 했다. '제우스의 아들들'을 뜻하는 디오스쿠로이, 즉 쌍둥이 카스토르와 폴리데우케스는 서로 너무 좋아해서 제우스도 이들을 떼어 놓을 수 없었다. 그래서 카스토르가 죽자 하늘에서 영원히 빛나는 별자리, 쌍둥이자리를 만들어 주었다.

제우스에게 불가능이란 없었다. 다나에 공주에게 다가가기 위해서는 황금 빗물로까지 변했으니까!

다나에 공주는 아주 단단한 청동으로 만든 방 안에 갇혀 있었고, 아무도 들어갈 수 없었다. 이유가 무엇이었을까? 이유는 늘 같았다. 신탁*이 그녀의 아버지인 아르고스의

신탁
미래나 신들의 뜻을 알려 주는 신의 말.

왕 아크리시오스에게 딸이 낳은 아들에 의해 죽을 것이라고 예언했기 때문이다. 그렇기 때문에 특히 남자가 그녀를 사랑하게 되는 일이 없도록 하였다! 그리고 실제로 인간은 어느 누구도 이 감옥에 들어갈 수 없었다. 그렇지만 신이라면?

다나에는 너무나 아름다워서 제우스는 유혹을 떨칠 수 없었다. 그는 청동 지붕에 난 아주 작은 틈을 발견하고는 황금 빗물로 변해서 다나에의 가슴까지 슬그머니 들어갔다. 이들 사이에서 태어난 아들 페르세우스는 많은 위험을 겪고 거기서 살아남아야만 했다. 그러나 제우스가 그를 지켜 주어 영광스러운 삶을 살았다.

영웅*들 중 가장 위대한 영웅 헤라클레스*를 미래에 낳을 여인에게 접근하기 위해 제우스는 놀라운 변신을 하였다. 페르세우스의 후손인 그녀의 이름은 알크메네였다.

그녀는 남편 암피트리온에게 충실했다. 그녀가 아무도 가까이하지 않는데 어떻게 그녀를 유혹할 수 있을까? 방법은 단 하나, 그녀가 가까이 오는 것을 허락하는 유일한 사람, 그녀 남편의 모습을 하는 것이었다! 한 여자를 속이기 위해 전지전능*한 제우스는 바로 그 남편의 모습으로 변해

영웅
신화적인 인물. 신과 인간 사이에서 태어나서(여신과 남자 인간 사이에서 태어나는 경우는 아주 드물다) 반은 신이다. 또한 영웅은 뛰어난 장점들을 가지고 있다.

헤라클레스
그리스 어로 '헤라의 영광'이라는 뜻이다. 제우스의 자식에게 헤라가 지운 시련들이 자신의 강력함을 드러내 주는 것이기 때문일 것이다.

전지전능
어떠한 사물이라도 잘 알고, 모든 일을 다 행할 수 있는 신의 능력.

야만 했다.

그래서 제우스는 헤라클레스를 그렇게 아꼈던 걸까? 어쨌든 헤라는 헤라클레스를 끔찍하게 미워했다. 그래서 그에게 그 어떤 것보다 더 힘든 과업*을 주었고 그가 미칠 지경이 되도록 괴롭혔다. 헤라클레스보다 더 불행한 영웅은 없었다. 그러나 그는 죽은 후 올림포스 산의 신들 가운데 받아들여져 제우스와 헤라의 딸 헤베와 결혼했다.

인간들 가운데 제우스의 다른 후손들이 많았지만 어떻게 전부 언급할 수 있겠는가?

그러나 우리가 무시할 수 없는 이들은 제우스만큼이나 훌륭하고 강력한, 그의 아들과 딸들이다.

과업
꼭 해야 할 일이나 임무.

제우스는 모든 신들 가운데 가장 힘이 셌다. 사랑에 있어서도 마찬가지였다. 제우스의 사랑과 그때마다 바꾼 모습은 고대부터 지금까지 많은 예술가들에게 영감을 주었고, 독자, 청취자와 관객들을 매혹시켰다.

▶ 황소를 타고 가는 에우로페. 기원전 400년, 비엔나

▲ 제우스와 암소 이오, 헤르메스가 아르고스를 죽이다. 기원전 500년, 비엔나

에우로페의 납치
유럽 대륙의 이름에 기원이 된 에우로페는 페니키아(현재의 리비아) 공주였고 크레타의 첫 번째 왕의 어머니였다. 사람들은 그녀의 이야기가 오랜 이민을 반영한 것이 아닐까 하는 생각을 고대부터 해 왔다.

▶ 헬레네의 탄생. 기원전 450년, 포텐자

아르고스
이오를 감시하던 유명한 아르고스의 100개의 눈을 어떻게 표현할 것인가? 얼굴에 모두 표현하기는 힘든 일이다! 라틴 어로는 아르구스인 그의 이름은 오늘날 속이기 힘든, 엄한 감시인을 가리킨다.

백조의 딸 헬레네
이 조각은 유머가 있다. '아름다운 헬레네'가 될 아기가 알에서 나오고 있다. 그 알은 제우스가 놓아둔 것이라고도 하고 레다가 낳았다고도 한다. 겨우 윤곽이 잡힌 이 얼굴에서, 막 알을 깨고 나오는 병아리 눈처럼 조금 뜬 눈에서 어떻게 그녀를 알아볼 수 있단 말인가?

제우스의 독수리

제우스는 탈리아와 가니메데스를 납치할 때 자신의 상징 동물인 독수리로 모습을 바꾸었다. 트로이 소년 가니메데스는 아주 잘생겨서 제우스가 사랑에 빠져 올림포스 산에서 자기 곁에 두고 싶어했다. 넥타르를 따라 주던 헤베가 헤라클레스의 아내가 되는 바람에 가니메데스가 헤베 대신 그 일을 하게 되었다.

제우스가 세상의 질서를 돌보느라 사랑을 생각지도 못한 건 아니었다.

▲ 독수리로 변한 제우스에게 납치되는 탈리아. 파리

▼ 제우스와 헤라. 셀리논테 신전, 팔레르모

제우스와 헤라

신화에서 보면 헤라는 대개 질투심 많고 괴팍한 아내로 그려져 있다. 그러나 종교에서는 아주 진지한 역할을 한다. 이 조각은 결혼 첫날밤을 그리고 있다. 그녀가 남편 앞에서 옷을 벗고 있는데, 이것은 인생의 가장 중요한 순간에 있는 모든 그리스 여성의 모습이다. 제우스는 하늘과 벼락의 신일 뿐만 아니라 질서와 정의의 수호자이기도 하다. 그는 맹세를 지키게 하고, 살인자를 벌주고, 집주인과 거지들을 보호했다.

아테나와 헤라의 아들들

아레스와 헤파이스토스보다 더 서로 다른 형제를 상상하기란 힘들 것이다.

아레스는 잘생기고 아주 늠름했다. 아버지 제우스의 힘과 어머니 헤라의 분노(제우스가 또 바람을 피웠다는 걸 알게 되었을 때의 모습 말이다!)를 물려받은 아레스는 무서운 전쟁의 신이었다.

아레스가 인간들의 정신과 마음을 사로잡았을 때는 인간들에게 용기와 이기려는 열의뿐만 아니라 살인적인 광기와 살육을 즐기는 마음까지도 주었다. 그는 피에 목말라 하는 한없이 난폭한 신이었다. 인간들은 그를 공경했지만 그만큼 그를 두려워했다.

아레스에 비하면 헤파이스토스는 아주 초라해 보였다! 아레스가 고결*한 전사들과 함께 전쟁터를 누비고 다닐 때

고결
타고난 성품이 고상하고 순결함.

그의 형제 헤파이스토스는 체면이 서지 않는 일에 푹 빠져 있었다. 그는 무거운 도구들을 다루는 대장장이의 신이었다.

올림포스 산에 그에 대한 소문이 파다하게 퍼져 어떤 신들은 그가 제우스의 아들인지 의심하기까지 했다! 신이나 인간 사이에서 태어난 것이 아니라 헤라 혼자 낳았을 수도 있다는 것이었다.

어쨌든 그를 낳게 한 것이 신들의 왕 제우스라 하더라도 제우스는 아들을 다정하게 대하지 않았다. 제우스가 헤라와 다툰 어느 날(또 다툰 것은 아마도 헤라클레스 때문일 것이다.), 헤파이스토스는 운 없게도 중간에 끼어들 생각을 했다. 제우스가 화났을 때는 가까이 가지 않는 것이 좋다는 걸 모든 신들은 잘 알고 있었는데 말이다. 제우스는 천둥과 번개의 신이 아니던가! 그러나 어머니를 보호하려는 헤파이스토스는 조심해야 한다는 걸 깜박 잊어버렸다.

제우스는 분노를 폭발할 상대가 있다는 것이 너무 기쁜 나머지 아들의 발을 잡아 거침없이, 선수가 원반을 던지듯 아주 멀리 던져 버렸다. 너무 멀리 던지는 바람에 아들은 올림포스 산 꼭대기에서 떨어졌다. 떨어지는 데 하루 종일 걸려 저녁이 되어서야 렘노스 섬에 쿵 떨어졌다. 섬 주민들이 그를 살려서 보살펴 주었지만 그는 결국 절름발이가 되었다.

그 후로 헤파이스토스는 대부분의 시간을 자기 대장간에서 보냈다. 그는 불의 주인이었고 모든 도구, 가장 묵직한 도구들인 망치, 도끼, 모루조차도 그에게는 친숙했다. 뜨거운 불길이 얼굴을 붉게 비추고 어둠 속에서 절뚝거리는* 그를 볼 때면 뭔가 흉측해 보였다.

키클롭스들이 그를 도와주었고, 그는 그들과 함께 하늘보다는 땅속 깊은 곳에 더 가까운 시칠리아*의 화산 에트나 한가운데서 일했다.

절름발이 신은 불행하게도 못생겼을 뿐만 아니라 아내가 바람까지 피웠다. 아마도 화가 나서 한 행동과 아들을 절름발이로 만든 것에 대한 사과의 뜻으로, 제우스는 여신들 중 가장 아름답고 눈부신 아프로디테를 아내로 맞는 영광을 그에게 주었다. 그러나 아프로디테는 아름다운 만큼이나 바람기가 있었다. 그래서 올림포스 신들이 모이는 큰 연회에서 헤파이스토스는 자주 놀림감이 되었다. 신들은 자기들끼리도 무자비했다!

그렇지만 그가 만들어 낸 물건들은 이루 말할 수 없이 아름답고 섬세했다. 그는 금, 청동, 은, 그 어떤 것도 능숙하

절뚝거리다
다리를 절다.

시칠리아
이탈리아 반도 남서쪽 끝에 있는 섬. 지중해에 있는 섬 가운데 가장 크다.

게 잘 다루었다. 그는 이 재료들로 세련된 장신구나 멋진 물건, 복잡한 기계, 무시무시한 덫을 만들어 냈다. 재료에 생명을 불어넣고 잘 작동되게 만드는 비밀도 가지고 있었다. 그래서 신들은 (최고의 신 제우스도) 그를 놀리면서도 그에게 자주 도움을 청했다.

아레스와 헤파이스토스는 아주 달랐지만 아테나라는 같은 경쟁자를 가지고 있었다. 아레스만큼 자존심이 강하고 헤파이스토스만큼 솜씨가 좋은 제우스의 딸 아테나는 두 형제와의 경쟁에서 자주 이겼다. 그녀는 지혜의 여신에게서 태어났고, 아버지가 사랑하는 딸이 아니던가?

아테나는 제우스가 메티스를 삼킨 후 제우스 안에서 자랐다. 아테나를 '낳은' 것은 바로 제우스였다. 사실 괴상한 출산이었다!

어느 화창한 날, 제우스는 머리가 깨질 듯이 아팠다. 그는 자식이 세상으로 나올 때가 되었다는 걸 깨달았다. 그는 헤파이스토스에게 도와 달라고 하면서 도끼로 머리를 쪼개라고 명령했다. 그러자 제우스의 머리에서 여신이 위풍당당*하게 모습을 드러냈다.

그녀가 태어나면서 지른 전사의 외침은 하늘과 땅에 울

위풍당당
풍채나 기세가 위엄 있고 떳떳함.

려 퍼졌다! 그녀는 벌써 완전히 무장하고 있었다. 투구, 창, 방패를 갖춘 채 싸울 준비가 되어 있었다. 그녀가 바로 처녀 신 아테나였다.

아무것도 어느 누구도 그녀에게 겁을 줄 수 없었다. 아레스나 헤라조차도 말이다. 다행히 그때는 신들과 기간테스들이 전쟁을 하고 있었기 때문에 그녀는 자기가 가진 용기와 무기로 제우스의 소중한 동맹이 되었다.

거친 힘을 좋아하고 늘 생각하지는 않는 아레스와는 달리, 아테나는 메티스의 딸답게 아레스처럼 전사들을 이끌

기는 했지만 전사들에게 신중함과 깊이 생각하는 능력을 주었다.

아테나는 자신이 아끼는 헤라클레스와 페르세우스, 트로이* 성벽 아래서 싸우던 몇몇 그리스 전사들을 잘 보호할 줄 알았다. 그래서 모두들 그녀에게 감사했다.

페르세우스는 폴리테크테스*의 명령을 받아 메두사의 머리를 잘라야만 했다. 이 흉측한 고르곤(괴물) 메두사는 자기와 눈이 마주치는 자를 돌로 만들어 버리는 끔찍한 능력을 가지고 있었다. 아테나는 이때 페르세우스를 도와줬다. 직접 쳐다보지 않고 반들반들한 방패에 비춰 보고서 괴물의 머리를 자를 수 있도록 해 준 것이다.

과업을 모두 마친 페르세우스는 아테나에게 아직도 능력을 가지고 있는 끔찍한 괴물 머리를 가져다줬다. 여신은 그 머리를 자기 방패에 붙였고, 그 후로 괴물을 쳐다보는 모든 적들은 바로 돌로 변해 버렸다.

헤라클레스는 헤스페리데스*의 정원에서 딴 황금 사과를 그녀에게 선물했다. 수많은 위험을 겪으면서 그는 서쪽 끝의 세계, 오케아노스 강 연안에서 나는 이 귀한 과일을 가져왔다.

그것은 사촌인 에우리스테우스*가 내준 (헤라가 그렇게

트로이
소아시아 반도 서쪽, 다르다넬스 해협에 가까운 히사를리크언덕에 있던 고대 도시. 호머의 〈트로이 전쟁〉의 무대로 유명하다.

폴리테크테스
그리스 신화에 나오는 세리포스 섬의 왕.

헤스페리데스
그리스 신화에 나오는 여신들. 헤라가 제우스와 결혼할 때 가이아로부터 선물로 받은 황금 사과나무를 지킨다고 한다.

에우리스테우스
그리스 신화에 나오는 헤라클레스가 섬긴 어리석은 왕.

하도록 시킨 것이다) 그 유명한 열두 가지 과업 중 하나였다. 그렇지만 에우리스테우스는 황금 사과를 어떻게 해야 할지 몰라 영웅에게 다시 돌려주었다. 헤라클레스는 자신의 수호신 아테나에게 존경의 표시로 과일을 선물했다.

아테나는 전쟁의 여신만은 아니었다. 그녀는 헤파이스토스와 뛰어난 솜씨에 있어서 경쟁하고 있었다. 그녀는 힘든 남성적인 작업은 헤파이스토스의 몫으로 남겨 두고, 자기가 잘하는 여성적인 일을 좋아했다. 실을 잣거나* 천을 짜거나 수를 놓는 모든 여자들은 그녀를 주인이자 수호신으로 삼고 존경했다. 그러나 그녀에게 경의를 표하지 않는 여자는 조심해야 했다!

아라크네*에게 일어난 일을 보면 알 수 있다. 그녀는 솜씨가 뛰어나 아테나에게 배웠다고 소문이 났고, 자신이 만든 장식 융단이 유명해지자 그녀는 우쭐해져서 여신에게 도전을 했다. 쭈글쭈글한 할머니 모습을 한 아테나가 그녀를 보러 와서 좀 겸손하라고 충고했지만, 그녀는 충고를 듣지 않았고 할머니에게 욕까지 퍼부었다. 그러자 화가 난 아테나는 그녀와 시합을 하기로 했다.

아라크네는 멋진 장식 융단을 만드는 데 성공했지만, 그것을 본 여신은 더욱 화가 나 장식 융단을 갈기갈기 찢어 버

잣다
물레 따위로 섬유에서 실을 뽑다.

아라크네
그리스 어로 '거미'라는 뜻. 아테나와 겨루면서 신들의 애정 행각을 묘사한 융단을 짜 아테나의 노여움을 샀다.

렸다. 절망한 아라크네는 목을 매달았지만 죽지는 않았다.

　여신은 자신에게 감히 도전한 그녀에게 영원한 벌을 내리고 싶었다. 그래서 그녀를 거미로 만들어 자기가 짠 실에 늘 매달려 영원히 실을 뽑도록 하는 벌을 내렸다.

　신들을 화나게 하면 이처럼 잔인했다. 신들은 무자비했고, 인간들에게는 더더욱 그랬다!

수공업 활동은 잘 구분되어 있었다. 남자들은 헤파이스토스의 기술과 예술에 관계된 일을 했고 여자들은 아테나의 섬세한 일을 맡아 했다. 그렇지만 이 여신의 능력과 권한은 이런 단순한 범위를 훨씬 뛰어넘었다.

무기
장식된 천, 가죽과 금속으로 만들어진 무기들은 예술가이기도 한 장인들이 만들었다.

▼ 아테나. 기원전 480~323, 파리, 아테나는 주로 무장한 모습으로 표현되었다. 그러나 여기서는 무거운 옷을 입고 있어서 움직이지 못하고 있으며 생각에 잠긴 듯하다.

▲ 그리스 전사의 무기들. 기원전 500년, 파리

아테나
아테나의 상징 동물은 밤에도 잘 보는 올빼미이다. 아테나는 지성의 여신이고 철학자들의 수호신이기도 하다. 특히 고대 그리스의 지적 중심지 아테네에서는 더욱 그렇다. 기술의 여신으로 전차를 발명했고 이아손의 아르고호를 만드는 책임을 맡았다.

◀ 아테나의 모습을 한 올빼미. 기원전 500년경, 파리

여자들의 일

여자들은 집에서 거의 나오지 않았다. 여자들은 집안일을 도맡아 했고, 그중에서도 특히 실을 잣고 천을 짜는 일을 했다. 천을 짜고 옷을 만드는 일은 집에서 이뤄졌다. 아주 귀한 천과 옷만 사고팔았다.

▶ 모를 짜는 연인들. 기원전 500년, 베를린

© Dist RMN / BPK, Berlin

그는 불의 주인이었고 모든 도구,
가장 묵직한 도구들조차도 그에게는 친숙했다.

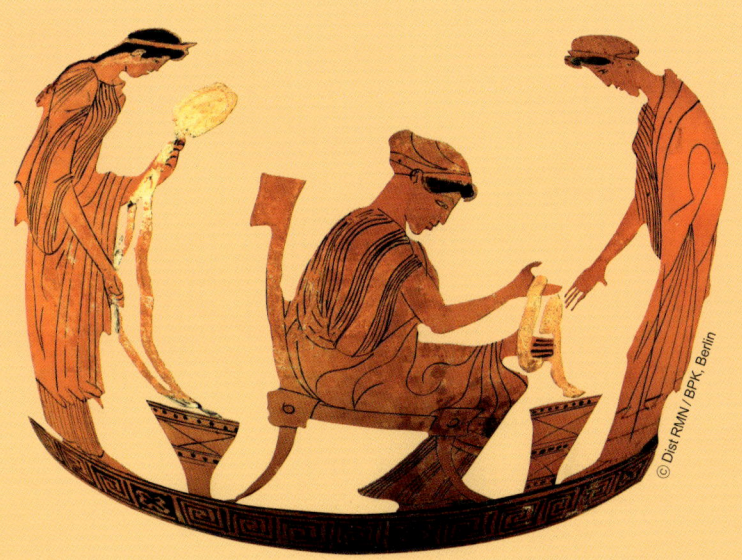

금속을 다루는 일

그리스 사람들은 기원전 2000년부터 청동(구리와 주석을 합해서 만든 것)을, 기원전 1000년부터 철을 다루었다. 대장장이는 힘든 직업이었지만 귀한 물건들(무기나 조각상)을 만들었고, 창조적이며 고결한 일을 했다.

▼ 대장간. 기원전 500년, 베를린

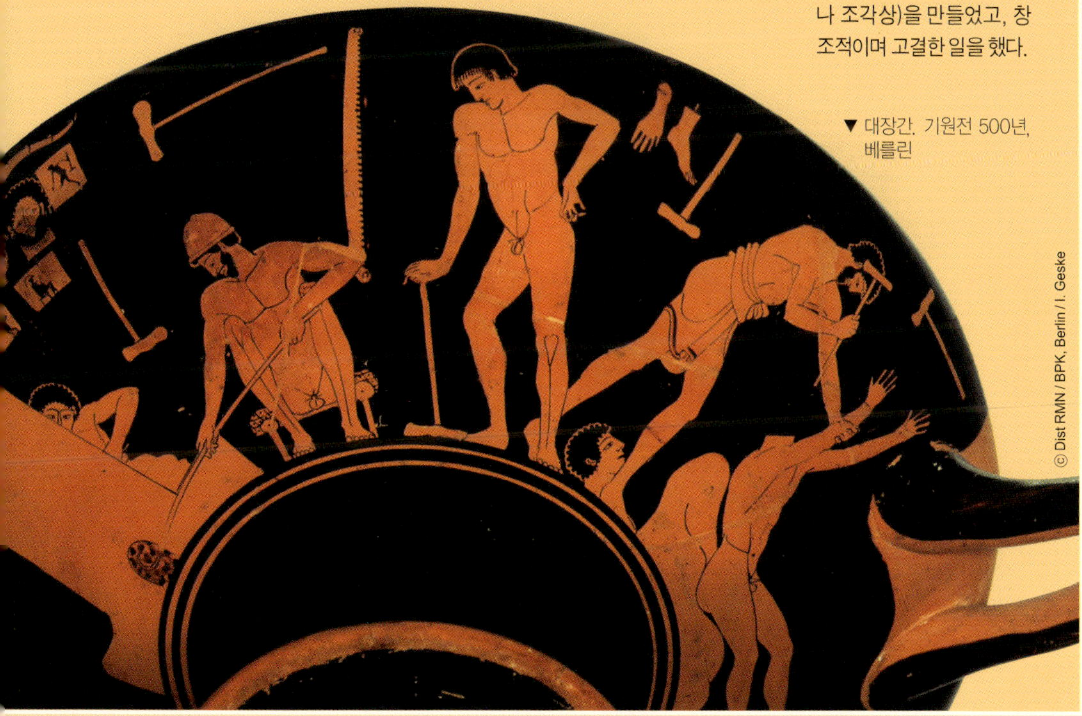

© Dist RMN / BPK, Berlin / I. Geske

아프로디테와 트로이 전쟁

여신들은 남자 신들만큼이나 무시무시했다. 그러므로 그들에게 복종하고 그들을 존중해야만 했다. 헤라와 아테나가 무서울 때가 있듯 아름다운 아프로디테도 나름대로 무서웠다.

거품과 파도에서 태어난 그녀는 키프로스 섬과 키티라 섬의 평온함을 좋아했지만 우주를 돌아다녔다. 곳곳에서 욕망, 은총과 **시간의 여신들***이 그녀를 보호하며 함께 다녔다.

그녀가 지나가면 신들과 인간들 세계에서 사랑이 피어났다. 곳곳에서 마음이 혼란스러웠고, 감동이 일었으며, 가슴이 두근거려 뺨이 붉게 물들었다. 이것이 바로 아프로디테의 힘이었다. 그런데 그녀에게 제물을 바치기를 거부하는 자는 조심해야 했다!

시간의 여신들
계절의 여신들인 호라이.

테세우스
그리스 신화에 나오는 아티카의 영웅. 크레타 섬의 미궁에서 괴수 미노타우로스를 물리치고 아마존을 정복하여 아테네를 융성하게 하였다.

매혹
남의 마음을 사로잡아 호림.

파이드라가 바로 그런 예였다. 여신은 잔인한 복수를 하는 데 그녀를 이용했다. 파이드라의 남편 테세우스* 왕에게는 아들이 하나 있었는데, 그 아들 히폴리토스는 숲과 평원으로 사냥감을 쫓아다닐 생각만 했다. 그는 처녀 신인 사냥의 여신 아르테미스를 경배했다. 젊은 히폴리토스에게 무시당한 것에 화가 난 아프로디테는 파이드라가 주인공 역할을 맡는 끔찍한 음모를 꾸며 복수할 생각을 했다.

아프로디테는 왕비 파이드라의 마음에 양아들에 대한 금지된 사랑을 품게 만들었던 것이다! 너무 괴로웠던 왕비는 자신의 끔찍한 사랑을 고백하고 말았다. 그러나 젊은이는 그 사랑을 거절했다. 그러자 왕비는 히폴리토스가 왕에게 이를지도 모른다는 두려움 때문에, 그가 자기를 범하려고 했다고 남편 앞에서 그를 몰아세웠다.

테세우스는 아들을 처형하라고 했다. 히폴리토스의 죽음은 잔인했고, 여신은 그 죽음을 충분히 즐겼다. 파이드라는 그 후 자살했다. 그래서 어떻게 되었을까? 아프로디테는 아무렇지도 않았다. 인간들의 고통은 신들의 눈에는 별로 중요할 것이 없었기 때문이다.

그렇지만 남자 인간들은 잘생겼다면 아프로디테를 매혹* 시킬 수 있었다. 그녀는 인간들 가운데 몇 명의 애인이 있었다.

먼저 잘생긴 아도니스가 있었다. 젊은이는 아프로디테와 자기를 키워 준 페르세포네에게서 동시에 사랑을 받았다. 아도니스는 일 년의 3분의 1은 지옥의 여왕과 함께 땅속에서 지냈고, 3분의 2는 아름다움의 여신과 함께 지냈다. 그러나 젊은이는 어느 날 멧돼지에게 목숨이 위험할 정도로 상처를 입었다.

그들의 사랑에 질투를 느낀 어떤 신이 멧돼지를 자극한 걸까? 아르테미스였을까, 아레스였을까? 누가 그랬는지 아무도 모른다. 아프로디테는 눈물을 흘리며 애인 아도니스 곁으로 달려왔다. 평소에 그녀가 지나다니는 길에 피어 있던 장미들이 아도니스의 피로 물들어 있었다. 이렇게 해서 붉은 장미가 생겨났다.

아프로디테가 사랑한 또 다른 남자 인간은 트로이의 안키세스였다. 그들 사이에서 아들 아이네이아스가 태어났고 그녀는 평생 그를 이끌어 주고 보호해 줬다. 그에게서 새로운 트로이*가 건설될 것이었다.

마지막으로 모두들 중에서 가장 사랑한 애인은 신이었다. 아프로디테가 무자비하게 웃음거리로 만들었던 남편 헤파이스토스가 아니라, 잔인한 전쟁의 신이자 혈기 넘치

새로운 트로이
로마 사람들에 따르면 아이네이아스는 로마 건국자들의 조상이다. 이것은 베르길리우스의 〈아이네이스〉의 주제가 되었다.

는 아레스였다. 그들의 사랑은 쉽지 않았다. 질투심 많은 헤파이스토스가 있었기 때문이었다.

태양신이 어느 날 아침 그들이 함께 있는 것을 봤다며 두 연인의 관계를 헤파이스토스에게 알려 주었다. 씁쓸해진 절름발이 신은 복수하기로 마음먹었다. 그는 끊어지지 않는 황금 그물을 만들어 그들의 침대에 던졌다. 두 배신자가 발버둥쳐 봤지만 소용없었다! 헤파이스토스만이 그들을 풀어 줄 수 있었다. 그러나 그 전에 그는 올림포스 산의 모든 신들에게 붙잡힌 둘을 보러 오라고 했다. 모두들 달려와서는 깔깔대고 웃어 댔다.

그런데 신들은 누구를 비웃은 걸까? 함정에 빠진 사냥감

이었을까? 속임수에 빠진 사냥꾼이었을까? 헤파이스토스가 결국 두 연인을 풀어 주자 각자 대지의 한쪽으로 도망쳐서 한동안 수치심 때문에 숨어 있었다.

이들의 사랑은 오래갔다. 아레스와 함께 아프로디테는 많은 자식들을 낳았다. 에로스와 포보스*, 하르모니아를 낳았고, 하르모니아는 후에 테베의 여왕이 되었다.

아프로디테가 전쟁을 아주 좋아했으므로 영웅시대* 때 가장 많은 죽음을 부른 전쟁의 원인이 그녀였다는 것은 놀라운 일이 아니다. 그 전쟁은 바로 가장 위대한 전사들이 이름을 날린 트로이 전쟁이었다. 그녀가 그 전쟁의 원인이

에로스와 포보스
사랑의 신과 공포의 신

영웅시대
영웅들과 반신들이 살던 신화적 시대.

에리스
불화의 여신

테티스
그리스 신화에 나오는 바다의 여신. 바다의 신 네레우스의 딸로 영웅 펠레우스와 결혼하여 아킬레우스를 낳았다.

기는 했지만 유일한 원인은 아니었다.

사실 이 전쟁을 일으킨 첫 번째 책임자는 여신 에리스*였다. 신들도 인간들도 그녀를 좋아하지 않았다. 그녀가 가는 곳마다 다툼과 분쟁이 일었기 때문에 모두 그녀를 피하려 했다. 그래서 올림포스 신들은 테티스*의 결혼식에 그녀를 초대하는 것을 깜박 '잊었다'.

에리스는 복수하려고 모여 있는 신들 한가운데 황금 사과를 던졌다. 거기에는 '가장 아름다운 여신에게'라고 씌어 있었다. 그다음에 어떤 난장판이 벌어졌는지는 말할 것도 없다. 여신들은 저마다 그 사과를 가지려고 서로 발길질과 주먹질을 했고 할퀴고 물어뜯고 머리를 잡아 뜯었다. 정말 난장판이었다. 천둥의 신 제우스가 끼어들어 겨우 진정시켰고 여신들을 제자리로 돌려보냈다.

그러나 마지막 세 여신은 제우스도 어쩔 수 없었다. 질투심 많은 헤라, 사랑하는 딸 아테나와 아름다운 아프로디테 중에서 누구를 선택할 수 있겠는가?

신중한 제우스는 심부름꾼 헤르메스에게 땅으로 가서 인간들 중에서 심판을 한 명 구하라고 했다. 이 무시무시한 일을 맡게 된 것은 바로 트로이의 왕 프리아모스의 아들 파리스였다.

트로아드
트로이가 위치한 지방.

스파르타
고대 그리스의 도리아 족이 펠로폰네소스 반도 중부의 라코니아 지방에 세운 도시 국가.

헤르메스는 세 여신을 날개 달린 전차에 태워 **트로아드*** 의 이다 산까지 데려갔다. 그곳에서 파리스는 목동을 하며 살고 있었다. 헤르메스는 젊은이에게 황금 사과를 주고 누구에게 줄지 선택하라고 했다. 헤라, 아테나와 아프로디테가 차례로 전차에서 내렸다. 여신들은 각자 자기에게 사과를 주면 멋진 선물을 주겠다고 약속했다.

그는 아름답고 위엄 있는 헤라와 아테나 앞에서 망설였다. 헤라는 아시아와 유럽 제국을 주겠다고 약속했고, 아테나는 그가 이끄는 모든 전쟁에서 늘 이기도록 해 주겠다고 약속했다. 그러나 아프로디테는 평소 차림으로, 다시 말해 발가벗은 채로 전차에서 내렸다. 그녀는 세상에서 가장 아름다운 여자와의 사랑을 약속해 주었다. 그러자 넋이 나간 파리스가 더 생각하지도 않고 그녀에게 사과를 건넸다.

세상에서 가장 아름다운 여자가 누구일까? 바로 제우스와 레다의 딸, 틴다레오스 왕이 기른 헬레네였다. 그러나 그 사랑은 그렇게 간단한 일이 아니었다. 헬레네는 벌써 **스파르타***의 왕 메넬라오스와 결혼한 몸이었기 때문이다. 게다가 상황은 더 안 좋았다. 그녀가 결혼하기 전 그리스의 모든 왕들이 그녀에게 청혼하러 왔었다. 행운의 신랑을

뽑기 전에 틴다레오스는 많은 죽음을 부를 수도 있는 적대 관계를 만들지 않기 위해 모두에게 맹세를 얻어 냈다. 헬레네의 선택을 그대로 따를 뿐만 아니라 그녀의 남편이 도움을 청하면 언제든 달려오기로 말이다.

파리스는 그리스의 스파르타에 와서 헬레네를 유혹해 아시아의 트로이로 데려갔다. 엄청나게 화가 난 메넬라오스는 복수를 결심하고 모든 그리스 왕들을 이끌고 트로이 앞에 진을 쳤다.

전쟁은 10년이나 계속되었다! 10년 동안 테티스 여신의 아들 아킬레우스*, 메넬라오스와 그의 형 아가멤논*, 디오메데스*와 위대한 아이아스, 그리스에서 가장 똑똑하고 꾀 많은 오디세우스 등과 같은 많은 영웅들이 서로 맞서 싸웠다.

그들에 대항하여 프리아모스의 50명의 아들 (그중에는 가장 용감하고 현명한 헥토르가 있다), 아프로디테의 아들 아이네이아스, 제우스의 아들 사르페돈*과 수많은 영웅들이 맞서 싸웠다.

제우스는 운명의 저울을 잡고서 사르페돈이 죽음을 맞게 되었을 때조차 끼어들지 않았다. 그러나 다른 신들은 조심성이 없었다!

아킬레우스
그리스 신화에 나오는 영웅. 걸음이 몹시 빠르며 트로이 전쟁 때 활약하였다. 불사신이었으나 트로이 왕자 파리스에게 유일한 약점인 발 뒤꿈치에 화살을 맞아 죽었다고 한다.

아가멤논
그리스 신화에 나오는 미케네의 왕. 그리스군의 총지휘관으로 출정하여 트로이 전쟁을 승리로 이끌었다.

디오메데스
그리스 신화에 나오는 인물. 트로이 전쟁의 맹장으로, 오디세우스를 도왔다.

사르페돈
그리스 신화에 나오는 제우스와 에우로페의 아들. 트로이 전쟁 때 트로이를 구하기 위하여 활약하였고, 파트로클로스에게 살해되어 죽음과 잠의 신이 그를 매장하였다.

아프로디테는 물론 트로이 사람들을 보호했다. 특히 사랑하는 아들 아이네이아스는 몇 명 되지 않는 생존자들과 함께 트로이에서 도망치는 데 성공했다. 그러나 그녀는 전쟁에는 소질이 없었다! 그래도 그녀는 끼어들었고 힘센 디오메데스에게 상처를 입었다. 디오메데스는 아레스에게 상처를 입히는 데도 성공했다. 아레스는 물론 아프로디테 편에서 싸웠다.

트로이 사람들 편인 위대한 아폴론은 포세이돈과 함께 트로이의 성벽을 쌓았다. 아폴론은 성벽이 무너지는 것을 보고만 있을 수 없었다. 파리스의 손을 이끌어 그리스 사람들 중에서 트로이 사람들을 가장 많이 죽인 아킬레우스를 죽이도록 한 것이 바로 아폴론이었다.

결국 트로이는 무너졌다. 그리스 사람들의 뛰어난 능력 덕분에, 파리스와 트로이 사람들의 멸망을 바랐던 헤라와 아테나의 귀한 도움 덕분에, 트로이는 무너진 것이다.

아테나는 전쟁에서 전지전능했다. 그것은 그녀가 가장 뛰어난 분야였다. 그녀는 모두에게 세심하게 신경 썼고, 디오메데스, 아킬레우스와 특히 꾀 많은 오디세우스를 아꼈다.

다른 신들은 필요한 경우에는 헤파이스토스처럼 그리스

사람들 편을 들었다. 대장장이의 신 헤파이스토스는 테티스의 부탁으로 하룻밤 만에 그녀의 아들 아킬레우스에게 줄 멋지고 튼튼한 방패를 만들었다. 그 방패에는 귀금속의 색깔과 빛이 서로 잘 어울리는 여러 사건의 장면들이 새겨져 있었다.

  방패를 장식하는 주제들은 생기가 넘쳤다. 아킬레우스는 이 방패를 들고 전쟁터로 돌아가 트로이의 방패인 헥토르를 죽였다.

  전쟁을 끝나게 한 것은 힘도 용기도 아니었다. 그것은 꾀였다. 그리스 사람들은 트로아드 연안을 떠나는 척하면서 큰 목마*를 남겨 두었는데, 트로이 사람들은 그 목마를 성벽 안으로 가지고 들어갔다. 그 말 안에는 무장한 전사들이 숨어 있었다. 밤이 되자 전사들은 밖으로 나와 트로이 사람들을 죽이고 도시를 약탈하고 불을 질렀다.

  정말이지, 신들도 아주 잔인하지만, 인간들도 그에 못지않게 잔인했다!

〈트로이의〉 목마
뛰어난 목수이자 권투 선수였던 에페이오스가 만들었다. 이 이야기는 〈아이네이스〉 2권에 자세히 나와 있고, 〈오디세이아〉에도 간단히 언급되어 있다.

아프로디테와 트로이 전쟁

신화적인 트로이 전쟁은 유럽에 있는 그리스 도시 국가들과 소아시아(현재의 터키)의 도시 국가들 사이에 실제로 있었던 경쟁 이야기에서 영감을 얻은 것 같다. 후에 고전 시대 그리스 사람들은 이 전쟁을 외부의 적에 맞서는 그리스 사람들의 최초의 연합으로 해석했다. 이 전쟁을 중심으로 많은 신화 시리즈가 나왔고, 이 전쟁은 시인 호메로스(기원전 8세기)의 〈일리아드〉와 〈오디세이아〉에 의해 영원히 남게 되었다.

결국 트로이는 무너졌다. 그리스 사람들의 뛰어난 능력 덕분에, 파리스와 트로이 사람들의 멸망을 바랐던 헤라와 아테나의 귀한 도움 덕분에, 트로이는 무너진 것이다.

▲ 파리스의 심판. 헤라, 아테나, 헤르메스, 기원전 525~500년, 파리

트로이 전쟁의 시작에 관해서는 파리스의 심판, 그리고 헬레네의 탄생조차도 제우스가 계획한 것이라는 얘기가 있다. 인간들이 너무 많아지자 대지를 가볍게 해 주기 위해 살인적인 전쟁을 일으켰다는 것이다.

▶ 메넬라오스와 파리스의 결투. 기원전 500년, 파리

영웅들과 신들 〈일리아드〉에서 이야기하는 것처럼, 트로이 전쟁의 영웅들은 특이한 전투들에서 이름을 날렸다. 그런 전투에서 영웅들은 신들의 도움을 받았다. 여기서는 활을 든 아르테미스가 보이고, 여신의 왼편에 있는 파리스는 메넬라오스 앞에서 물러서는 것처럼 보인다.

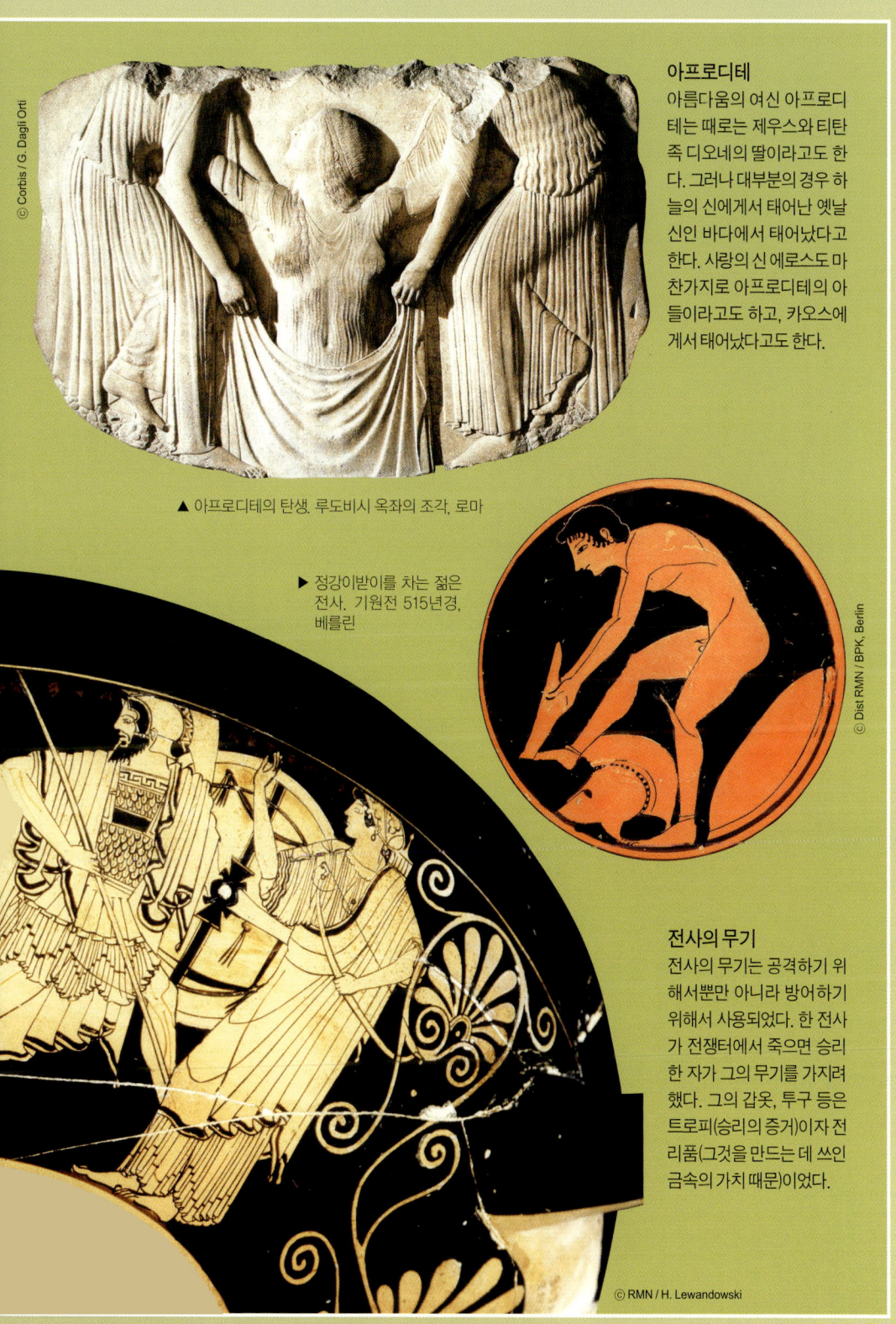

아프로디테

아름다움의 여신 아프로디테는 때로는 제우스와 티탄족 디오네의 딸이라고도 한다. 그러나 대부분의 경우 하늘의 신에게서 태어난 옛날 신인 바다에서 태어났다고 한다. 사랑의 신 에로스도 마찬가지로 아프로디테의 아들이라고도 하고, 카오스에게서 태어났다고도 한다.

▲ 아프로디테의 탄생. 루도비시 옥좌의 조각, 로마

▶ 정강이받이를 차는 젊은 전사, 기원전 515년경, 베를린

전사의 무기

전사의 무기는 공격하기 위해서뿐만 아니라 방어하기 위해서 사용되었다. 한 전사가 전쟁터에서 죽으면 승리한 자가 그의 무기를 가지려 했다. 그의 갑옷, 투구 등은 트로피(승리의 증거)이자 전리품(그것을 만드는 데 쓰인 금속의 가치 때문)이었다.

아폴론의 빛

　제우스가 사랑한 모든 여신들 중에서 레토가 가장 아름다웠다. 티탄 족의 딸인 그녀는 헤라 앞에서는 꼼짝도 못했다. 레토가 제우스의 아기를 가졌다는 걸 알게 되자 헤라는 엄청나게 화가 나 아무도 그녀를 맞아들이지 못하도록 했다. 그래서 레토는 아기를 낳지도 못하고 우주를 돌아다녔다. 땅과 평야도 헤라가 무서워 레토를 보면 도망쳤다. 끝없이 떠돌던 레토는 마침내 적막한 오르티기아 섬에 발을 들여놓았다. 아주 작은 이 섬은 척박하고 돌투성이였으며 매인 곳이 없어 조류*를 따라 바다 위를 떠다녔다. 오르티기아는 자기는 아무것도 잃을 것이 없다고 생각해서 헤라의 노여움에 용감하게 맞섰다.

　레토는 섬에 있는 유일한 나무인 야자수 나무 그늘에 자리를 잡았다. 아테나, 아프로디테 등 모든 여신들이 그녀

조류
밀물과 썰물 때문에 일어나는 바닷물의 흐름.

를 둘러싸고 도울 준비를 했다. 두 여신, 헤라와 그녀가 올림포스 산에서 곁에 두고 있는 딸 에일레이티이아만 오지 않았다.

그런데 에일레이티이아가 없으면 아기를 낳을 수 없었다! 레토는 9일 낮과 9일 밤을 아기 낳는 고통에 시달렸다. 그러자 그녀 주변으로 모인 여신들은 금과 호박으로 만든 멋진 목걸이를 헤라의 딸에게 가져다주라고 신들의 심부름꾼 이리스를 보냈다. 출산의 여신은 이 선물에 마음이 약해졌고 마침내 레토는 아기를 낳을 수 있었다.

아기는 쌍둥이였다. 사냥의 여신인 아르테미스가 먼저 나와서 빛의 신인 잘생긴 아폴론이 세상에 나오도록 어머니를 도왔다. 제물로 바쳐진 일곱 마리의 백조가 일곱 번 섬 위를 날았다. 위대한 신이 태어난 것이다.

아폴론이 처음으로 한 일은 작고 보잘것없는 섬 오르티기아에게 감사하는 일이었다. 그는 바다 깊숙이 박은 네 개의 긴 기둥으로 그리스 세계의 한가운데 섬을 고정시켰다. 그리고 '빛나다'라는 뜻의 델로스라고 이름지어 주었다. 포이보스* 아폴론이 태어난 곳이 그곳이었기 때문이다.

포이보스
빛나고 반짝이는 자라는 뜻. 이 말에서 라틴 어 포이부스가 생겨났다.

쌍둥이 신은 공통점이 많았다. 먼저 그들은 쓰는 무기가 같았다. 둘 다 활을 아주 잘 다루었다. 둘 다 전쟁에서는 무시무시했고 기간테스에 대한 전쟁에서 더없이 값진 동맹이 되었다. 그들이 인간들에게 화살을 쏘면 반드시 죽음이 인간들을 덮쳤다. 아르테미스는 아기를 낳는 여자들이 고통 없이 죽게 하였고, 솜씨 없거나 조심성 없는 사냥꾼들을 죽였다. 아폴론은 자기 무기를 전쟁의 신처럼 사용했다. 게다가 아폴론의 화살은 전염병을 퍼뜨렸다. 페스트*는 그가 특히 좋아하는 벌이었다.

그러니 그들에게 복수당할 자들은 조심해야 했다! 니오베에게 일어난 일을 잘 기억해 두자.

이 공주는 여섯 명의 아들과 여섯 명의 딸을 낳은 것이 무척 자랑스러워 경솔하게도 자신을 레토와 비교했다. 레토는 아들 한 명과 딸 한 명밖에 낳지 못했다고 말했던 것이다! 그래서 화가 난 레토는 자식들을 불러 복수해 달라고 했다. 아폴론과 아르테미스는 달려가 죽음의 화살을 빼 들었다. 아폴론은 공주의 아들들을, 아르테미스는 공주의 딸들을 쏘았고, 니오베는 하루 만에 열두 명의 자식을 잃었다. 그녀는 흐느껴 울기만 했다.

신들이 그녀와 그녀의 위로할 길 없는 고통을 불쌍히 여기지 않았다면 그녀는 계속 울었을 것이다. 신들은 그녀를

페스트
흑사병이라고도 한다. 페스트균이 일으키는 급성 전염병. 오한, 고열, 두통에 이어 권태, 현기증이 일어나며 의식이 흐려지게 되어 죽는다.

시필로스 산꼭대기에 돌로 만들어 주었다. 그러나 그녀의 눈에서는 여전히 눈물이 흘렀고 오늘날에도 니오베였던 바위에서는 샘이 흘러나오고 있다.

두 쌍둥이는 함께 행동하지 않을 때도 화가 나면 역시 무시무시했다. 그리스 사람들은 트로이 전쟁에서 그 사실을 잘 알게 되었다!

그리스의 배들이 트로이를 공격하러 떠나려고 모였을 때, 왕들의 왕 아가멤논이 솜씨 좋게 수사슴을 죽였다. 그는 아르테미스도 자기보다 더 잘하지는 못했을 거라고 큰 소리쳤다.

감히 그런 말을 하다니 제정신이 아닌 게 분명했다! **경솔***한 **허풍***의 대가로, 잔인한 여신 아르테미스는 그에게 맏딸 이피게네이아를 제물로 바칠 것을 요구했다. 그렇지 않으면 그리스 함대는 바람이 없어 출발하지 못할 형편이었다. 아가멤논은 시키는 대로 할 수밖에 없었다.

트로이에 도착하자 그리스 사람들은 아폴론의 노여움을 샀다.

트로이 근처에는 크리세스라는 사제가 맡고 있는 아폴론 신전이 있었다. 그런데 전투가 끝나자 이 사제의 딸이 포로가 되어 아가멤논(여기서도 그가 문제였다)의 노예가 되

경솔
말이나 행동이 조심성 없이 가벼움.

허풍
실제보다 지나치게 과장하여 믿음성이 없는 말이나 행동.

었다. 왕은 몸값을 주더라도 딸을 아버지에게 돌려주지 않겠다고 했다. 그러자 크리세스는 아폴론에게 이 오만한 그리스 사람들을 벌주라고 간곡히 부탁했다. 신은 그의 기도를 듣고는 끔찍한 화살을 빼 들어 그리스군의 진영에 페스트를 퍼뜨렸다. 그리스 장군들이 공포에 떨자 아가멤논은 결국 처녀를 보내 주기로 했다.

위대한 신들은 한 가지 능력만 가지고 있는 것은 아니었다. 아폴론이 바로 그랬다. 실제로 아폴론은 훌륭한 사수였을 뿐만 아니라 제우스의 허락으로 예언자*들의 주인, 예언자들에게 영감을 주는 신이 되었다.

아폴론이 태어나고 3일 후, 제우스는 델포이의 성소*를 아들에게 주면서 아들의 위대함을 모두가 인정하도록 했다. 델포이 성소에는 티탄 족 테미스의 오래된 신탁이 있었다. 그런데 이 신탁은 피톤이 조심스럽게 지키고 있었다. 이 무서운 용은 그 지방을 황폐하게 만들었다. 그래서 아폴론은 먼저 용을 죽이고, 그런 다음 죽은 용의 영혼을 달래기 위해 용을 기리는 장례 경기*를 열었다.

이 피티아 경기는 그 후 4년마다 열렸다. 마지막으로 아폴론은 용을 죽이면서 더럽혀진 자신을 깨끗이 하러 그리

예언자
미래와 벌어진 사건들의 숨겨진 의미를 알고 있고 그것을 알려 주는 사제.

성소
제사장이 신에게 제물을 바치고 의식을 베풀던 곳

장례 경기
신이나 죽은 사람을 기리기 위해 열리는, 상이 주어지는 시합.

아폴론의 빛 ■ 91

피티아
아폴론이 무찌른 용을 기억하며, 아폴론의 답을 풀고 알려 주는 일을 하는 여사제를 이렇게 이름지은 것이다.

스 북쪽, 테살리아까지 가야만 했다. 그곳에서 돌아온 후에야 아폴론은 신탁을 차지하고 델포이 성소를 그리스에서 가장 큰 성소 중 하나로 만들었다.

여러 세기 동안 왕들, 영웅들, 심부름꾼들이 **피티아***에게 신탁을 물으러 왔다. 그러나 아폴론 신은 인간들을 놀리기 좋아했다. 그의 신탁은 때때로 너무 풀기 힘들어서 많은 순례자들이 잘못 이해했다. 그래서 인간들은 아폴론에게 '간접적이다' 라는 뜻의 록시아스라는 이름을 붙여 주기도 하였다. 가끔 직설적일 때도 있었다.

아폴론에게 신탁을 구하러 온 영웅들 중 몇몇은 모르고 지나칠 수도 있었던 소식을 알게 되었다. 코린트의 왕자 절름발이 오이디푸스는 자신이 아버지를 죽이고 어머니와 결혼하리라는 것을 피티아에게 듣게 되었다. 또한 아가멤논의 아들 오레스테스는 아버지의 복수를 하기 위해 어머니를 죽여야 한다는 걸 알게 되었다. 이 얼마나 끔찍한 예언들인가!

아폴론은 피티아에게만 영감을 준 것은 아니었다. 칼카스, 티레시아스나 **카산드라*** 같은 대부분의 위대한 예언

카산드라
이 이름은 '불행한 일의 예언자'와 같은 말이 되었다.

아폴론의 빛 ■ 93

자들은 그에게서 예언 능력을 받았다. 그러나 카산드라 공주의 예언은 사람들이 하나도 믿어 주지 않았다! 그녀는 프리아모스의 딸이자 파리스의 누이였고 아주 아름다웠다. 아폴론은 그녀를 유혹하기 위해 그녀에게 미래를 내다보는 기술을 가르쳐 주었다.

예언 능력을 전해 받고 나자 카산드라는 무모*하게도 신을 거절했다. 아폴론은 복수하기 위해 그녀에게 저주를 내렸는데, 어느 누구도 그녀의 예언을 믿지 않을 거라는 것이었다. 실제로 트로이 전쟁 동안 그녀는 프리아모스와 모든 트로이 사람들에게 최악의 불행이 닥칠 것이라고 끊임없이 알려 줬지만 모두 그녀가 미쳤다고 했다. 그렇지만 결국 그녀가 옳았다!

카산드라가 아폴론을 거절한 유일한 여자는 아니었다. 놀랍지만 사실이다. 구불구불한 긴 갈색 머리칼을 가진 크고 잘생긴 이 신은 사랑에서 늘 행운이 따른 건 아니었다. 그는 강의 신 페네이오스의 딸인 님프 다프네를 사랑했지만 소용없었다. 그는 아주 오랫동안 산속에서 그녀의 뒤를 따라다녔지만 그녀는 그 앞에서 도망치곤 했다.

아폴론에게 잡히려는 마지막 순간 그녀는 아폴론에게 잡히지 않도록 자신의 아버지에게 도와 달라고 애원했다. 페

무모
앞뒤를 잘 헤아려 깊이 생각하는 신중성이나 꾀가 없음.

페네이오스
다프네의 아버지. 대양의 신 오케아노스와 테티스의 아들로서 테살리아 지방에 흐르는 강의 신이 되었다.

범그리스 경기
이 경기에는 모든 그리스 사람들이 모였다. 이 경기가 열릴 때면 그리스 전체가 성스러운 휴식에 들어갔다.

무사
그리스 신화에 나오는, 아폴론 신에게 시중을 드는 학예의 신. 현재에는 시나 음악의 신이라 이르지만, 고대에는 역사·천문학을 포함한 학예 일반의 신이었고, 그 수도 일정하지 않았는데, 로마 시대에 들어서면서 각각 맡은 일이 따로 있는 아홉 여신이라 하였다.

위업
위대한 사업이나 업적.

네이오스*가 기도를 듣고 그녀를 월계수로 바꿔 주었다. 그래서 월계수는 아폴론에게 바치는 나무가 되었고 월계수관은 피티아 경기에서 이긴 사람들에게 씌워졌다.

피티아 경기는 다른 범그리스 경기*들과는 다른 점이 있었다. 나체 경기와 경마 경기 외에도 음악 경연이 있었다. 아폴론이 예술의 신이기도 했기 때문이다. 아폴론은 예언자들에게 영감을 줬을 뿐만 아니라 시인들과 음악가들에게도 영감을 주었다.

이 일에 있어서 아폴론은 무사*들의 도움을 받았다. 무사들은 제우스와 기억의 여신 티탄 족 므네모시네 사이에서 9일 밤의 사랑으로 태어났다. 그래서 무사들은 아홉 명이었다. 무사들은 델포이 근처의 파르나소스 산이나 연회가 있을 때는 올림포스 산에서 자주 모였다. 그들은 아폴론과 함께 합창하기를 좋아했다.

그들은 영웅들과 올림포스 신들의 모험과 위업*, 땅과 하늘의 경이로움에 대해 이야기했다. 그들은 우주에 대한 기억의 여신들이었기 때문이다. 자신들의 시를 시인들에게 슬쩍 알려 주는 것은 바로 그녀들이었다. 아폴론은 리라로 반주를 했다. 이 악기는 도둑 헤르메스가 용서받으려고 아폴론에게 선물한 것이었다.

그런데 헤르메스가 도둑이라니? 헤르메스는 전령*의 신, 제우스와 거인 아틀라스의 딸인 마이아의 아들이 아니던가? 그렇다. 헤르메스는 태어나자마자 바보 같은 짓을 하는 데 뛰어난 솜씨를 발휘했다.

밤에 아르카디아 지방에 있는 킬레네 산의 어느 동굴에서 막 세상에 태어났을 때, 헤르메스는 포대기를 벗어던지고 테살리아*까지 걸어갔다. 그곳에서 아폴론은 가축들에게 풀을 먹이며 애인과 함께 있느라 어린 헤르메스가 오는 것을 눈치채지 못했다. 헤르메스는 가축 떼 중에서 새끼를 낳은 암소 열두 마리와 아직 새끼를 낳은 적이 없는 암소 200마리를 골라냈다. 가축마다 꼬리에 나뭇가지를 하나씩 달아 발자국을 지우면서 그리스 남쪽에 있는 필로스까지 데려왔다.

헤르메스는 그곳에서 가축 두 마리를 제물로 바쳤다. 고기를 열두 조각으로 나눠 위대한 열두 신에게 바치고 나머지 가축들은 숨겼다. 그러고 나서는 킬레네 산으로 달려서 돌아왔다. 날이 밝기 시작했고 헤르메스는 동굴 입구에서 거북 알 하나를 발견했다. 그는 알을 비우고, 제물로 바쳤

전령
명령이나 훈령 등을 전하여 보냄. 또는 명령을 전하는 사람.

테살리아
그리스 북부 에게 해에 면하여 있는 지방. 신화와 전설이 많이 전하며, 밀과 올리브가 주로 난다.

던 소의 내장으로 만든 일곱 개의 줄을 달았다.

줄을 튕기자 아름다운 소리가 흘러나왔다. 그가 처음으로 리라를 발명한 것이다! 그는 자기 자신에게 만족스러워하며 (그리고 아마도 조금 피곤해서) 요람* 안에서 포대기로 몸을 꽁꽁 싼 후 잠들었다.

아폴론은 모든 것을 알아차렸다. 그는 예언자들 가운데 가장 뛰어난 예언자가 아니던가? 그런데 화가 난 아폴론이 마이아에게 따지러 킬레네에 왔을 때, 마이아는 화를 내며

요람
젖먹이를 태우고 흔들어 놀게 하거나 잠재우는 물건.

포대기에 꽁꽁 싸여 있는 아기를 보여 줬다. 이렇게 꽁꽁 싸여 있는데 어떻게 움직일 수 있단 말인가?

그러나 아폴론은 리라를 보더니 화났던 것을 잊어버렸다. 그는 리라를 들고 이리저리 살펴보다가 연주를 했고, 거기서 나오는 아름다운 소리에 넋을 잃었다. 그사이 잠에서 깬 헤르메스는 아폴론에게 훔친 가축 떼 대신 악기를 선물로 주었고 서로 화해했다.

아들의 깜찍한 장난과 민첩함이 마음에 든 제우스는 아들을 자신의 심부름꾼으로 삼았다. 모자를 쓰고 날개 달린 샌들을 신은 헤르메스는 그 후로 하늘과 땅을 두루 돌아다녔다. 그는 상인을 보호하고 여행자들을 안내했다. 저승으로 가는 죽은 사람들의 영혼인 슬픈 여행자들도 인도했다.

그리고 또 별로 놀라울 것은 없지만, 도둑들을 보호하는 것도 바로 헤르메스였다!

신화 속의 영웅들처럼 그리스 사람들도 신들에게 조언을 구하고 허락을 받은 후에 행동했다. 그러기 위해서 그들이 사용하는 방법은 여러 가지가 있었다. 그들은 제물로 바친 동물의 내장을 살펴본다거나, 새들이 날아가는 것을 관찰한다거나, 꿈을 풀어본다거나, 점쟁이에게 물어보았다.

카산드라
그녀는 슬프게도 자신의 죽음을 예견했다. 트로이가 패배한 후 아가멤논은 그녀를 데리고 아르고스로 돌아왔다. 그곳에서 그의 아내 클리타임네스트라가 그들을 죽였는데, 아가멤논을 먼저 죽인 후 카산드라를 죽였다.

◀ 클리타임네스트라가 카산드라를 죽이다. 기원전 500년, 페라르(이탈리아의 베네치아와 볼로냐 사이에 위치한 중소 도시)

아폴론은 신탁을 차지해서 델포이 성소를 그리스에서 가장 큰 성소 중 하나로 만들었다.

◀ 스팀팔로스의 새들. 파리, 독수리는 제우스가 보내는 것이었고 백조는 아폴론이 보내는 것이었다.

새들
하늘의 동물인 새들은 신의 뜻을 전하는 심부름꾼이었다. 새들의 수나 날아가는 방향에 따라, 아니면 날아가는 모양에 따라 행운이 있을지 불운이 있을지 점쳤다.

신의 신호
하늘에 번개가 치기 전에 천둥소리가 난다든지, 평소와 다른 모든 것은 (재채기조차) 신이 소원을 들어줄 거라는 표시이거나 실패나 성공을 뜻할 수 있다고 생각했다.

그리스 델포이에 있는 아폴론 신전

도도나의 떡갈나무

도도나에서는 신성한 떡갈나무 잎이 제우스의 말을 전한다고 생각했다. 성소의 사제들이 떡갈나무 잎들이 스치며 내는 소리를 풀이했다.

© Corbis / A. Cooper

신과 성소

미래를 예언하는 첫 번째 신은 대지의 여신이었다. 그녀 다음으로 메티스와 테미스, 제우스와 아폴론 같은 여러 신들이 이런 예언 능력을 가졌다. 델포이의 아폴론 성소는 그리스 전역에서 심부름꾼들이 찾아왔고 귀한 봉헌물들로 계속 부유해졌다.

▲ 오디세우스가 테이레시아스에게 조언을 구하다. 기원전 1세기, 파리

큰 떡갈나무

지옥에서 구한 조언

오디세우스는 집으로 돌아가는 긴 여행 중에 지옥끼지 가서 이미 죽은 테이레시아스에게 집으로 돌아갈 수 있는 길을 물었다. 제물로 바쳐진 동물(제물로 바칠 때는 완전히 태워야 하는데, 이것을 '홀로코스트'라 한다)의 피는 죽은 사람들의 망령을 모이게 했고, 얼마 동안 망령들을 다시 살아나게 해 주었다. 오디세우스는 테이레시아스에게 이 피를 마시게 해 줬고, 그다음으로 이야기를 나누고 싶은 친구들에게 마시게 했다. 그러나 다른 망령들은 다가오지 못하도록 했다.

디오니소스의 방랑

바쿠스*라고도 불리는 디오니소스는 위대한 신이다. 좋은 신이지만 가끔 잔혹하기도 해서 좀 애매한 신이다. 그렇기 때문이었을까? 자신을 인정받고 자신을 섬기는 의식을 전파하는 데 가장 어려움을 겪은 신들 중 하나였다.

그것은 무엇보다 그의 출생 때문인지도 모르겠다. 헤라클레스처럼 디오니소스도 제우스와 인간 사이에서 태어났다. 어머니는 하르모니아의 딸 세멜레였다. 이들의 사랑에 대한 소문을 들은 헤라는 세멜레에게 황당한 욕망을 불어넣어 줬다. 그것은 제우스의 최고의 모습을 보고 싶어하는 욕망이었다.

자기에게 닥친 불행을 알아차리지 못한 세멜레는 제우스에게 자신의 요구를 다 들어 달라고 말했다. 그것이 어떤 것인지는 말하지 않고서 말이다. 제우스가 그러겠다고 하

바쿠스
로마 신화에 나오는 술의 신

자 그녀는 헤라에게서 들은 대로 최고의 모습을 보여 달라고 그에게 부탁했다. 제우스는 그녀의 마음을 바꿔 보려 해 봤지만 아무 소용없었다. 그는 스틱스에 대고 맹세했기 때문에 약속을 취소할 수 없었다. 그래서 그는 번쩍거리는 번개에 둘러싸인 채 천둥소리와 함께 나타났다. 벼락은 곧바로 불쌍한 세멜레에게 떨어져 그녀를 횃불처럼 활활 태워 버렸다.

세멜레가 아기를 임신하고 있었기 때문에 제우스는 얼른 아기를 꺼냈다. 아기가 마저 자라도록 하기 위해 제우스는 자기 허벅지 안에 아기를 넣고 꿰매서 헤라의 질투 어린 눈길을 피하게 했다. 석 달 후 디오니소스가 태어났다. 그는 두 번 태어난 것이다.

어머니가 죽었으니 디오니소스에게 유모를 구해 주어야 했다. 제우스는 먼저 세멜레의 여동생 이노에게 아기를 맡겼다. 하지만 헤라를 조심해야 했다!

증오에 가득 찬 헤라는 아기가 어디 있는지 금방 찾아냈다. 그러고는 복수하기 위해 이노와 그녀의 남편에게 살인하고 싶은 욕망을 불어넣었다. 그들에게는 두 아들이 있었는데 둘 다 끔찍하게도 부모에게 살해당했다. 제정신이 든 이노는 아들의 시체를 안고 바다에 몸을 던졌다.

그러고 나자 제우스는 디오니소스를 아시아 한가운데 있는 니사 산으로 데려갔다. 만약에 대비해서 새끼 염소로 모습을 바꾸어 주었고, 님프들이 그를 키워 주었다. 제우스는 후에 감사의 표시로 님프들을 별로 만들어 밤하늘에서 반짝이게 해 주었다. 오늘날 히아데스 별자리가 바로 이 님프들이다.

디오니소스의 교육은 판의 아들 실레노스가 맡았다. 실레노스는 아주 현명하고 아주 못생겼다. 모든 사티로스*처럼 그도 다리는 염소 다리였고, 꼬리는 숱이 많은 말 꼬리였다. 늙은 술주정뱅이인 그는 배가 뚱뚱해서 다른 사티로스처럼 마이나데스*들과 님프들을 뒤쫓아 다닐 수 없었다. 그 후로 그는 디오니소스를 절대 버리지 않았다.

어른이 된 디오니소스는 멋지면서도 끔찍한 발견을 하게 되었다. 그것은 바로 포도나무와 포도주였다. 이로운 포도주는 즐겁고 경쾌히면서도 재치 있게 만들어 줬다. 불행의 포도주는 혀를 입천장에 붙게 했고, 눈에 보이는 게 없으며 정신이 오락가락하게 만들었다.

그러나 디오니소스는 자기가 발견한 것을 전파하기 위해 그리스에 머물러 있을 수 없었다. 헤라가 아직도 그를 미워하고 있었기 때문이다. 여신은 그를 미치게 만든 후 내

사티로스
사람의 상반신과 염소의 하반신을 가진 괴물.

마이나데스
디오니소스를 따르는 여자들. 광란하는 여자들이라는 의미를 가진다.

쫓아 이집트, 시리아를 건너 프리지아까지 정처 없이 떠돌 게 만들었다.

제정신이 든 디오니소스는 트라키아로 가서 자신을 조금 인정받게 되었다. 그는 그곳을 떠나 인도를 정복하러 가서 자신의 군대와 마법 덕분에 원정에서 승리를 거뒀다. 그는 개선 전차를 타고 돌아왔다. 표범들이 끄는 전차는 포도나뭇가지와 송악*으로 장식되어 있었다. 그 옆에서는 친구들인 실레노스와 사티로스들이 그를 완전히 둘러싸고 함께 행진했다. 신을 광신적으로 믿는 바쿠스의 '무녀들'인 마이나데스들도 함께 있었다. 무녀들은 미친 듯 열광하면서 티르소스*를 흔들며 탬버린을 치고 피리를 불면서 그가 가는 곳마다 따라다녔다.

실레노스의 아버지 판도 디오니소스와 자주 합류했다. 판은 헤르메스의 아들이었으며 염소 발뿐만 아니라 염소 뿔도 가지고 있었다. 주름지고 장난기 어린 얼굴을 가진 판은 늘 즐거웠다. 아버지 헤르메스가 그를 올림포스 신들에게 소개했을 때 신들 모두에게 즐거움을 일깨워 줬다. 헤르메스의 아들답게 그도 악기를 하나 만들었다.

그는 갈대 가지 일곱 개로 시링크스라는 피리를 만들었다. 이것은 목동의 악기였다. 판은 목동의 수호신이고 자

송악
두릅나뭇과의 상록 활엽 덩굴성 식물로, 다른 나무를 타고 올라가 자란다. 줄기와 잎을 약재로 쓴다.

티르소스
송악 잎이나 포도 잎이 감겨 있는 지팡이. 위에는 솔방울이 달려 있었다. 이것은 디오니소스의 상징물이다.

신도 목동이지 않은가?

그러나 판은 가축을 지키는 일만으로는 만족하지 않았다. 활기차고 날쌘 그는 자기 주변의 예쁜 님프들을 잡으려고 뛰어다니고 산을 오르면서 숨곤 했다. 판은 사랑스러운 장난꾸러기였다. 그가 또 좋아하는 것은 해가 중천*에 떠 있을 때 그늘에서 낮잠 자는 것이었다. 그의 낮잠을 방해하는 자는 조심해야 했다!

디오니소스가 아시아에서 승리를 거두었지만 그리스에서는 전혀 그렇지 못했다. 게다가 포도나무 재배와 그의 숭배 의식에 대한 거센 반대에 자주 부딪혔다. 그러자 디오니소스는 자신의 힘을 확실히 하기 위해 어떤 잔혹한 행위도 서슴지 않았다.

인도로 떠나기 전에도 그는 트라키아의 왕 리쿠르고스를 미치게 만들었다. 왕이 자신을 받아들이지 않으려 했기 때문이었다. 왕은 자기 다리와 아들의 다리를 포도나무 밑동으로 착각하고 베어 버렸다. 그런 다음 디오니소스의 명령으로 나라의 백성들이 그의 팔다리를 찢어서 죽였다.

얼마 후 어머니 세멜레*의 고향 보이오티아*로 돌아온 디오니소스는 흥분한 행렬, 특히 디오니소스의 여사제들

중천
하늘의 한가운데.

세멜레
그리스 신화에 나오는 여신. 테베 왕 카드모스와 하르모니아의 딸로, 제우스와의 사이에서 디오니소스를 낳고, 헤라의 질투로 벼락을 맞아 죽었다.

보이오티아
그리스 중부에 있는 지방. 오래전부터 문화가 발달하여 테베와 오르코메노스 따위의 도시 국가가 번영하였다.

이 최면 상태*로 들판을 돌아다니는 디오니소스 축제를 열려고 했다. 그 당시 테베는 세멜레의 누이 아가우에의 아들 펜테우스가 다스리고 있었다. 그런데 펜테우스는 디오니소스 축제를 원하지 않았다.

디오니소스는 아가우에와 테베의 여자들을 자기 비교*에 참가하도록 키타이론 산으로 보냈다. 그러고 나서 펜테우스에게 그들의 뒤를 밟고 싶은 욕망을 심어 줬다. 그는 최면 상태의 여사제들에게 들켜 버렸고, 자기 어머니에게 팔다리가 끔찍하게 찢기고 말았다. 어머니는 그를 야생 짐승인 줄 알았던 것이다. 제정신이 들자 그녀는 몸서리치며 테베에서 아주 멀리 도망가 버렸다. 그럼에도 불구하고 결국 디오니소스 의식은 인정을 받았다.

다행히 모든 인간들이 그렇게 고집이 센 것은 아니었고 포도나무 재배는 더 평화롭게 보급이 되었다.

차분해진 디오니소스는 낙소스 섬에서 크레타의 왕 미노스의 딸 아리아드네를 발견했다. 그녀는 라비린토스*에서 미노타우로스*를 무찌르도록 테세우스를 도와줬는데 버림받은 것이었다.

디오니소스는 이런 배신을 잊게 해 주고 그녀를 올림포

최면 상태
제정신이 아닌 상태.

비교
비밀 의식. 이 의식에 참가하기 위해서는 통과 의식을 치러야 했다.

라비린토스
미노타우로스의 궁전. 도움을 받지 않으면 빠져나올 수가 없었다.

미노타우로스
미노스의 아내 파시파이가 낳은 황소 머리를 한 괴물.

스 산으로 데려갔다. 그녀가 죽은 후 비탄에 빠진 그는 하늘에 자기가 그녀에게 선물했던 반짝이는 왕관을 보냈다. 왕관은 후에 북쪽왕관자리라는 별자리가 되었다.

디오니소스는 슬픔에 잠겨 있었지만 인간들에게는 절대로 슬픔을 주지 않았고 계속해서 노래와 춤을 전해 주었다. 영감*의 신인 디오니소스는 아폴론과의 경쟁을 피했다. 각자 자기가 잘하는 분야가 있으니 말이다. 무사들의 천상의 합창, 고결한 시, 리라나 키타라*에 맞춰 부르는 어려운 노래가 아폴론의 것이었다.

반면에 탬버린의 환상적인 조화, 시링크스나 이중 피리 아울로스의 꾸밈없이 아름다운 선율이 디오니소스의 것이었다.

아테나는 아울로스라는 악기를 만들었다. 아테나는 그 악기를 연주하다가 호수 위에 자기 모습을 비춰 보았다. 그런데 연주할 때 자기 뺨이 부풀어 오르는 것이 너무 끔찍해 보여서 피리를 버렸다.

그 피리를 주운 사티로스인 마르시아스는 거기서 나오는 소리가 아주 멋지게 느껴져 리라를 가진 아폴론에게 감히 도전을 했다. 이기는 자가 상을 정한다는 조건에서 빛의 신 아폴론은 도전을 받아들였다. 결국 아폴론이 승리했고

영감
신령스러운 예감이나 느낌.

키타라
목이 긴 현악기.

모두에게 자기의 우월성을 의심하는 것이 얼마나 위험한지 보여 주기 위해, 마르시아스를 소나무에 거꾸로 매달아 산 채로 가죽을 벗겨 버렸다.
 아폴론과 감히 경쟁을 하려 하다니!
 무엇이든 간에 신과 경쟁할 수 있다고 생각하는 것은 참으로 헛된 일인 것이다.

그리스 사람들에게 있어서 음악은 예술 중에서 으뜸가는 것이며 철학자들조차도 중요하게 생각하는 유일한 예술이었다. 음악(Musique)이라는 단어를 보면 어디서 유래되었는지 알 수 있다. 이것은 무엇보다 무사들의 예술이었다. 그러나 잘 알아 두어야 할 것은 그리스 음악은 리듬과 소리의 문제만이 아니라 시, 더 나아가 사고의 문제이기도 했다는 것이다.

아홉 명의 무사

첫째인 킬리오페는 서사시, 에라토, 에우테르페와 폴림니아는 다른 형태의 음악과 시, 테르프시코레는 춤, 탈레이아는 희극, 멜포메네는 비극, 클리오는 역사, 우라니아는 천문을 맡았다. 무사들이 맡은 분야를 보면 고대 그리스 사람들에게는 예술과 과학의 경계가 별로 분명하지 않았다는 것을 알 수 있다.

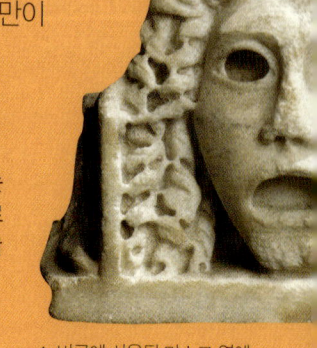

▲ 비극에 사용된 마스크 옆에 붙여서 조각된 디오니소스와 아리아드네, 2세기말

디오니소스와 비극

디오니소스의 숭배 의식에서는 합창으로 노래를 불렀다. 한 명, 두 명, 그리고 세 명의 배우가 합창에 답했고, 이렇게 주고받던 노래에서 비극이 생겨나게 되었다. 비극은 디오니소스 축제 때 관객 앞에서 공연되었다.

© G. Dagli Orti

▼ 글을 읽는 무사. 기원전 500년, 클뤼그만의 화가

파르나소스 산

▼ 기원전 6세기. 아마시스 화가, 파리

◀ 디오니소스

마이나데스 ▶

© RMN / H. Lewandowski

아폴론의 무사들

무사들은 보이오티아 지방의 헬리콘 산 또는 트라키아 지방에서 태어났다고 한다. 그들은 아폴론 신의 중요한 성소인 델포이 위로 솟아 있는 파르나소스 산에 아폴론을 따라갔다. 그들은 처음에는 각각 구분이 안 되다가 고전 시대에 구분이 되었다.

© RMN / DR

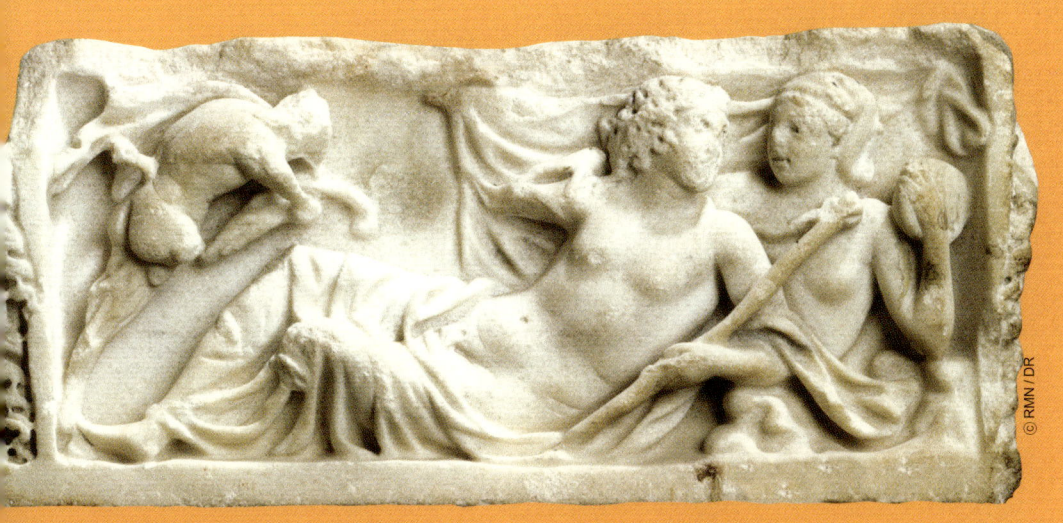

어른이 된 디오니소스는 멋지면서도 끔찍한 발견을 하게 되었다. 그것은 바로 포도나무와 포도주였다.

리라

영웅들의 모험을 이야기하는 서사시를 읊을 때 줄이 여러 개 있는 복잡한 악기인 리라로 반주를 넣었다. 나중에는 감정에 관한 더 개인적인 시가 이 악기의 이름을 따 서정시(영어로 리리크)라고 불리게 되었다.

디오니소스와 그의 신봉자들

디오니소스의 환희에 찬 행렬이 악기에 맞춰 행진했다. 악기로는 아주 간단한 목동의 피리와 탬버린을 사용했다. 여기서는 마이나데스와 말 꼬리를 한 사티로스가 보인다.

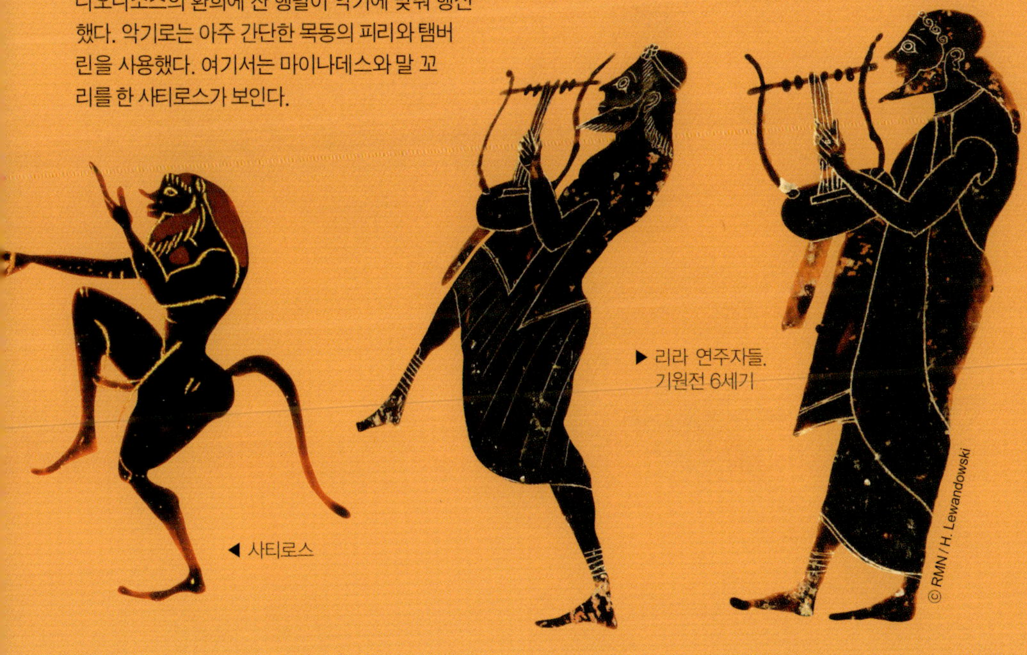

▶ 리라 연주자들. 기원전 6세기

◀ 사티로스

© RMN / H. Lewandowski

대지의 풍요

 제우스의 아들과 딸들이 그의 곁에서 큰 역할을 했지만, 제우스의 형제자매들도 잊어서는 안 될 것이다.

 레아의 맏딸은 현명한 헤스티아였다. 제우스는 그녀가 올림포스 산을 절대 못 떠나게 했고 영원히 처녀로 살도록 했다. 그녀는 신의 세계 중심인 화로*의 여신이었다. 화로가 모든 가정의 신성한 중심이었기 때문이다.

 그다음이 금발의 데메테르였다. 제우스는 그녀를 사랑했고 그 사이에서 아름다운 딸 페르세포네가 태어났다. 곡물과 대지의 여신 데메테르는 자기 머리카락처럼 황금빛인 밀이 자라는 것을 보기 좋아했다. 그래서 자기 웃음만큼이나 눈부신 붉은 개양귀비와 함께 밀을 돌봤다.

 그녀의 가장 큰 행복은 자신의 예쁜 딸이 아르테미스랑 아테나와 함께 들판에서 뛰어노는 것을 보는 것이었다. 그

화로
숯불을 담아 놓는 그릇. 주로 불씨를 보존하거나 난방을 위하여 쓴다.

러던 어느 날…….

어느 날 끔찍한 하데스가 페르세포네를 보더니 그녀에게 반해 버렸다.

보이지 않는 세계의 하데스는 힘이 아주 셌다. 크로노스의 맏아들이자 제우스의 형인 그는 지하의 넓은 저승 세계를 자기 몫으로 받았다. 그는 올림포스 신들과 살아 있는 사람들의 세계와는 떨어져서 지냈고, 고집 세고 무서운 그는 죽은 사람들을 다스렸다. 다정하고 순한 페르세포네를 사랑하는 자가 바로 그였던 것이다!

하데스는 제우스에게 자기 마음을 알렸고 제우스는 그에게 딸을 허락했다. 데메테르가 제우스보다 덜 타협*적일 거라고 생각했던 걸까? 그는 그녀에게는 물어보지 않았다. 그 다음 날, 여신이 등을 돌리자마자 꽃을 따느라 정신 없는 페르세포네 앞에 땅이 커다랗게 열리더니 하데스가 그녀를 납치해 갔다. 페르세포네는 겨우 소리만 질렀고 땅은 다시 닫혀 버렸다.

데메테르가 그 소리를 듣고 달려왔다. 그런데 딸은 어디로 사라진 걸까? 아무 흔적도 없었다! 데메테르는 안절부절못하며 딸을 찾아 곳곳을 돌아다녔다. 어두운 곳도 샅샅이 살펴보려고 양손에 횃불을 들고 다녔다. 9일 낮과 9일

타협
어떤 일을 서로 양보하여 협의함.

밤 동안 그녀는 마시지도 먹지도 씻지도 않고 치장도 안 한 채 돌아다녔다. 10일째 되는 날, 그녀는 마법사 헤카테를 만났다. 그녀는 땅이 열리는 것을 보았지만 누가 데려갔는지는 미처 보지 못했다고 했다. 마지막으로 모든 것을 보는 태양신 헬리오스*가 그녀에게 진실을 알려 줬다. 데메테르는 딸을 돌려 달라고 했지만 소용없었다. 하데스는 못 들은 척했고, 제우스도 마찬가지였다.

그러자 데메테르는 두 신에게 너무나 화가 나 딸을 돌려줄 때까지 자기가 맡은 일을 하지 않기로 마음먹고 올림포스 산을 떠났다.

늙은 할머니 모습을 한 그녀는 엘레우시스*에 자리 잡았다. 그녀는 엘레우시스 왕의 아들 데모폰의 유모가 되었다. 그녀는 아이를 사랑했고 그 아이를 죽지 않는 몸으로 만들어 주기로 마음먹었다. 그러기 위해서는 사라지게 되어 있는 것들을 아이에게서 없애야 했다.

매일 밤 그녀는 몰래 불 속에 아이를 넣었고, 어린아이는 점점 더 활짝 피었다. 데모폰의 어머니는 기쁘기도 하고 유모가 어떻게 보살피는지 궁금하기도 해서, 어느 날 저녁 숨어서 늙은 노파를 엿보았다. 화로에 아이를 가까이 가져가는 것을 보자 아이의 어머니는 소리를 지르지 않을 수 없

헬리오스
그리스 신화에 나오는 태양신. 매일 아침 불꽃에 싸인 말이 끄는 마차를 타고 동쪽 궁전을 나와 하늘로 올라갔다가 저녁이면 서쪽 궁전으로 들어가며 다시 황금의 배로 동쪽으로 돌아간다고 한다.

엘레우시스
아테네 근처의 도시. 위대한 여신들(데메테르와 페르세포네)의 신비 의식들이 그곳에서 거행되었다.

었다. 데메테르는 아이를 놓쳐 버렸고, 아이는 죽지 않는 몸이 되지 못했다. 데메테르는 자기가 누구인지 밝혔다. 그녀는 데모폰과 그의 부모를 아주 좋아했다. 나중에 그녀는 엘레우시스로 다시 돌아왔고, 엘레우시스는 그녀를 아주 반갑게 맞아들였다.

그동안 땅속과 땅 위에서는 무슨 일이 벌어졌을까?

땅 위에서는 데메테르가 아무 일도 하지 않았기 때문에 땅이 메말랐고 어떤 식물도 자라지 않았으며 열매도 맺지 않았다! 인간들과 동물들은 먹지 못해서 모두 죽어 갔다. 신들은 더 이상 제물을 받지 못했다. 제우스는 마음이 흔들렸고 데메테르의 뜻을 받아들여야 한다는 걸 깨달았다.

하데스에게는 안됐지만 할 수 없었다!

　저승에서 하데스는 약혼녀의 마음을 얻기 위해 자기가 가진 모든 것을 나눠 가지자고 했다. 그가 가진 것은 정말 많았으니까!

　땅속에 있는 모든 것, 뿌리와 싹뿐만 아니라 금과 은, 모두 그의 것이었다! 두려움을 주는 신의 이름을 말하기 싫어하는 인간들은 그를 부자라는 뜻의 플루톤*이라고 불렀다. 그러나 페르세포네는 이 숨 막히는 곳을 떠날 거라는 희망을 간직하고 있었다. 그리고 나름대로 자기를 납치한 하데스에게 저항했다.

　저승에는 오래된 법이 있었다. 산 채로 이곳에 내려온 자

부자라는 뜻의 플루톤
모든 부는 땅에서 나오기 때문이다. 혹은 그가 모든 살아 있는 것들을 죽인 뒤 자신의 창고로 모았기 때문이라고도 한다.

는 어떤 음식이라도 먹으면 지상으로 다시 올라갈 수 없게 되어 있었다. 그래서 페르세포네는 먹기를 거부했다. 그러나 어느 날, 다른 날보다 더 흐린 어느 날이었을까? 그녀는 아무 생각 없이 빨간 석류 알을 먹었다. 제우스가 하데스에게 딸을 어머니에게 돌려줘야 하니 다시 보내라고 했을 때, 저승의 신은 그에게 반대하며 석류를 보여 줬다.

모두를 만족시키려면 어떻게 해야 할까?

단 하나의 해결책은 타협하는 것이었다. 하데스는 그녀가 일 년에 몇 달 동안 땅 위의 어머니 곁으로 돌아가는 것을 허락했다. 그러나 일 년의 나머지 기간은 자기 곁에서 죽은 사람들을 다스려야 한다고 했다.

데메테르는 이 타협을 부분적으로 받아들였다. 물론 페르세포네가 곁에 있을 때는 둘 다 밀을 자라게 하고 인간들에게 먹고 살 수확물을 주는 데 전념했다. 그러나 페르세포네가 저승으로 내려가기 위해 곁을 떠나면 데메테르는 너무 불행해서 아무것도 신경 쓰지 않고 땅이 검고 벌거벗게 내버려 뒀다. 그때가 바로 **황량하고*** 추운 겨울이다.

한편 페르세포네는 저승에서 왕비의 역할을 잘 해냈고 남편과 아주 사이좋게 잘 살았다. 그러나 그들 사이에는 자식이 없었다.

황량하다
황폐하여 거칠고 쓸쓸하다.

그들은 저승의 경계에 있는 강 아케론의 반대편에서, 방황하는 슬픈 망령들인 죽은 사람들의 영혼을 다스렸다. 강을 건너기 위해 영혼들은 카론의 나룻배를 타야 했다. 회색 수염이 난 까다로운 뱃사공인 그는 통행료로 1오보로스*를 받았다. 동전이 없거나 장례식이 치러지지 않은 사람들*은 쉴 곳을 찾지 못하고 강가에서 신음했다.

죽은 사람들이 저승을 떠나는 것은 있을 수 없는 일이었고, 적어도 그곳에 들어오는 것만큼 어려웠다. 왜냐하면 케르베로스가 입구를 지키고 있었기 때문이었다. 개의 머리가 셋 달린 이 괴물은 세 쌍의 눈을 동시에 감는 법이 없었고 세 입으로 소름끼치도록 으르렁댔다. 등 위에는 뱀들이 쉭쉭 소리를 내며 서로 뒤엉켜 있었고, 꼬리에는 전갈의 독침이 달려 있었다.

그런데 헤라클레스가 땅 위로 데려와야 하는 건 바로 이 케르베로스였다. 이것은 헤라의 명령으로 사촌 에우리스테우스가 시킨 마지막 과업이었다. 헤라클레스는 먼저 엘레우시스로 가서 데메테르와 페르세포네에게서 가르침을 받고 그들의 비교에 들어가는 통과 의식을 치렀다. 지하 왕국에서 돌아오기 위해서는 어떻게 해야 하는지 페르세

오보로스
그리스 동전

장례식이 치러지지 않은 사람들
물에 빠져 죽은 사람들이나 실종자들.

포네가 잘 알고 있었기 때문이다!

　방법을 배운 헤라클레스는 헤르메스와 아테나의 도움으로 지하 세계에 내려갔다. 그는 지옥문 앞에서 하데스를 만났다. 하데스는 먼저 길을 막으려고 했다. 그러나 그건 헤라클레스를 모르고 한 행동이었다!

　헤라클레스는 겁먹지 않고 큰 돌을 들어 지옥의 신을 반쯤 때려눕혔다. 정신을 차린 하데스는 케르베로스를 보내 주겠다고 했다. 다만 헤라클레스가 활도 몽둥이도 쓰지 않고 맨손으로 케르베로스를 잡아야 한다는 조건에서였다. 영웅은 괴물의 목을 잡았고 전갈의 독침과 자기를 무는 뱀들은 신경도 쓰지 않았다. 목 졸리고 지친 케르베로스는 금방 포기했고 헤라클레스는 에우리스테우스에게 괴물을 데려갔다.

　에우리스테우스는 괴물을 보고 겁에 질려서 큰 항아리* 로 뛰어들어 숨었다. 헤라클레스는 괴물을 어떻게 해야 할지 몰라서 다시 하데스에게 데려다 줬다. 하데스 말고 누가 케르베로스를 원하겠는가?

항아리
테라코타로 만든 길쭉한 그릇. 그 속에 액체나 곡물을 보관했다.

　죽기 전에 하데스의 왕국에 내려갈 위험에 처했던 다른 영웅들도 있었다. 그중에서 오르페우스의 이야기는 가장 감동적이다. 무사인 칼리오페의 아들인 이 젊은이는 리라의 반주에 맞춰 놀라우리만큼 노래를 잘했다. 그는 리라도 노래 못지않게 잘 연주했다. 오르페우스는 드리아스*인 에우리디케와 사랑에 빠졌다. 그녀는 숲 속에 사는 님프였다. 그런데 두 사람이 결혼하자마자 에우리디케가 뱀에게 발뒤꿈치를 물려 죽었다. 고통으로 가슴이 찢어지는 오르페우스는 사랑하는 사람의 죽음을 도저히 받아들일 수 없어서 그녀를 찾아가기로 마음먹었다.

  그는 지옥의 입구에 들어섰다. 무기라고는 리라밖에 없었다. 그는 사나운 케르베로스를 온순하게 만들었고, 그 다음으로는 카론, 마지막으로는 페르세포네와 무시무시한 하데스를 즐겁게 해 주는 데 성공했다.

  그의 고통에 마음이 흔들린 신들은 사랑하는 아내를 데려가라고 허락했다. 이 얼마나 특별한 배려인가! 그러나 하데스는 한 가지 조건을 걸었다. 에우리디케가 뒤에서 걸어가고 어떤 일이 있어도 오르페우스가 뒤돌아봐서도, 그녀를 만지거나 말을 걸려고 해서도 안 된다는 것이었다. 오르페우스는 시키는 대로 하겠다고 약속했다.

  그는 기쁜 마음으로 지상으로 돌아가는 길을 나섰다. 그러나 침묵이 견디기 힘들어진 오르페우스는 하데스를 의

드리아스
나무의 요정.

심하고야 말았다. 그는 지옥 입구에 도착하자 아내가 어둠의 신에게 잡힌 것이 분명하다고 생각하고서 갑자기 뒤돌아봤다. 그는 에우리디케의 놀라고 고통스러워하는 눈길만을 잠깐 볼 수 있었고, 그녀는 곧장 사라져 버렸다. 이번에는 진짜 완전히 사라져 버린 것이다. 오르페우스가 다시 시작하려 해 봤지만 소용없었다. 케르베로스는 그를 절대 들여보내 주지 않았다. 나중에 훨씬 후에 그가 죽어서 오면 모를까…….

하데스는 신들 중 가장 무서운 신이었다. 한 번 잡힌 사람들은 절대 다시 놓아주지 않았다.

대지의 모든 풍요로움은 무서운 지하의 신이면서 부의 신인 하데스와 풍요로운 수확의 여신 데메테르가 나눠 가졌다. 이 두 신 사이를 확실히 이어 주는 역할은 코레라고도 하는 페르세포네가 했다. 그녀는 하데스의 아내이자 데메테르의 딸이었다. 그리스 사람들의 풍요로움은 이렇게 땅과 지하에서 나는 자원에 근거를 두고 있었다.

올림포스 산 아래 있는 밀밭, 그리스

▼ 페르세포네와 하데스. 기원전 500년, 레조디칼라브리아

밀의 재배
그리스는 산이 많은 나라이다. 엘레우시스와 아르카디아의 평야에서는 밀이 재배되었다. 그리스 사람들에게 빵은 기본 양식이었다. 호메로스는 자기 작품에서 문명화된 사람들은 '빵을 먹는 사람들'이라고 말했다.

코레라고도 불리는 페르세포네
지옥의 왕좌에서도 페르세포네는 풍요로운 대지의 상징물을 들고 있었다. 그것은 바로 밀 이삭이었다. '위대한 여신들'의 숭배 의식은 페르세포네를 데메테르와 연관시켰다. 특히 엘레우시스에서는 비교(통과 의식을 치러야 들어올 수 있는 비밀 의식)를 통해 두 여신을 숭배했다. 비교에서는 죽은 후에 행복한 삶을 누릴 수 있는 방법을 가르쳐 줬다.

▲ 채석장에서 찰흙을 캐는 장면. 베를린

채석장
채석장에서는 찰흙과 대리석을 캤다. 찰흙으로는 항아리를 만들었다. 항아리들은 기원전 2000년부터 지중해 지역에 수출되었다. 대리석은 성소를 짓는 데 주로 사용되었다.

금속
키프로스의 구리, 아테네 지방의 은, 트라키아의 금 등, 그리스 지역은 광물 자원이 풍부했다. 그러나 철만은 수입해야 했다. 광산에서 캐낸 광물을 가공하여 금속을 얻어 냈다. 그러면 그다음은 헤파이스토스가 일할 차례다!

> 어느 날 끔찍한 하데스가 페르세포네를 보더니 그녀에게 반해 버렸다.

◀ 올리브 수확. 기원전 500년경, 런던

◀ 헤파이스토스. 기원전 3세기, 메타폰티온

올리브 나무
올리브 나무는 열매, 가지(올림픽 경기에서 이긴 사람들에게 씌워 주는 관)와 기름을 제공해 주었다. 기름은 식용으로뿐만 아니라 미용용으로도 쓰였다. 육상 선수들은 몸에 발랐으며, 멋 부리는 여자들은 머리칼에도 발랐다. 식물이나 꽃에서 나오는 즙과 섞어 향수나 피부용 크림의 원료로 사용하기도 했다.

포세이돈과
바다의 위험들

형제인 하데스처럼 포세이돈도 강력하고 무서운 신이었다. 바다의 신인 그는 반은 말이고 반은 뱀인 흉측한 짐승들이 끄는 전차를 타고 바다를 돌아다녔다. 많은 신들과 바다 동물들이 전차를 둘러싸고 함께 다녔다. 그가 좋아하는 무기는 무서운 삼지창이었다. 그것으로 바다를 치면 폭풍우가 일었다.

동생 제우스처럼 그도 자손이 많았다. 많은 애인들과의 사이에서 많은 자식들이 태어났지만, 정식 아내 암피트리테와의 사이에서는 자식이 많지 않았다. 제우스의 자식들과는 달리 그의 자식들 대부분은 끔찍하고 사나웠다.

트로이에서 돌아오는 긴 여행* 동안 오디세우스가 만난 포세이돈의 자식들이 그랬다. 사람을 잡아먹는 거인족 라이스트리고네스의 왕, 사람을 잡아먹는 눈이 하나인 키클

트로이에서 돌아오는 긴 여행
오디세우스가 이타카로 돌아오는 데 10년이 걸렸다. 그의 모험과 여행은 〈오디세이아〉의 주제가 되었다. 〈오디세이아〉는 모험이 가득한 여행 이야기이다.

롭스 족 폴리페모스도 포세이돈의 자식이었다.

그러나 포세이돈은 메두사에게서 태어난 날개 달린 말, 페가수스의 아버지이기도 했다. 페가수스는 페르세우스가 메두사의 목을 베었을 때 그 목에서 날아 나왔다.

포세이돈은 힘이 세긴 했지만 하는 일마다 성공한 것은 아니었다. 예를 들자면 어떤 도시를 손에 넣으려 했을 때, 그는 자주 다른 신과 맞서게 되었다. 그때마다 그는 졌는데, 아마도 그의 능력이 도시 주민들에게는 별로 소용이 없었기 때문일 것이다.

그래서 아테네에서 자신의 힘을 보여 주려고 포세이돈은 **아크로폴리스***에서 샘이 솟게 했다. 한편 아테나는 아주 귀한 올리브 나무를 아테네 시민들에게 선물했다. 나무는 잎이 우거진 가지로 그늘을, 몸통으로는 목재를, 열매로는 기름을 만들어 주었다. 모인 신들은 여신의 손을 들어주었고, 이렇게 해서 도시는 여신의 이름을 따서 아테네라고 불리게 되었다.

인간들 편에서도 그는 항상 자기가 원하는 만큼 존경받지는 못했다. 도시가 생겨난 지 얼마 안 되었던 시기에, 트로이에서 전쟁이 일어나기 훨씬 전에 일이다. 트로이의 왕 라오메돈의 부탁으로 포세이돈은 아폴론과 함께 도시 주

아크로폴리스
언덕 위의 요새화된 도시. 중요한 건물들(궁전, 신전들)이 그 안에 있다. 아테네의 아크로폴리스가 유명하다.

변으로 성벽을 쌓으러 갔다. 두 신이 쌓은 성벽은 말할 것도 없이 크고 튼튼했다. 무너질 수도 뛰어넘을 수도 없는 성벽이었다. 그런데 성벽이 다 완성되었을 때, 라오메돈은 신들에게 약속한 보수를 주지 않았다. 포세이돈은 복수하기 위해 바다에서 괴물을 불러와 트로이 해안을 폐허로 만들었다.

결국 헤라클레스가 그 괴물을 죽였다. 바다의 신은 오랫동안 트로이 사람들에게 원한을 품었는데, 트로이 전쟁 때도 그의 원한은 여전해서 그는 그리스 사람들 편에서 싸웠다.

바다에는 많은 다른 신들이 있었다. 올림포스의 신들은 아니지만 오래된 신들이었다. 그들은 가이아에게서 우라노스와 같이 태어난 바다의 신 폰토스의 아들들이었다.

가장 존경받는 신은 바다의 노인 네레우스였다. 이 신은 잘생겼고, 희고 긴 수염이 나 있었다. 포세이돈이 화를 잘 내는 반면에 네레우스는 너그러웠다.

그도 역시 가이아의 아들이었기에 많은 것을 알고 있었다. 그 때문에 비밀을 밝혀야 하거나 수수께끼를 풀어야 하는 영웅들과 왕자들이 끊임없이 그에게 의견을 물어 왔

다. 그런데 그는 그런 걸 좋아하지 않았다. 그래서 질문받는 걸 피하기 위해 숨거나 모습을 바꾸었다. 바다 동물이나 다른 동물뿐만 아니라 나무나 심지어 물 같은 사물로도 모습을 마음대로 바꿨던 것이다! 그런데 상상할 수 있는 모든 사물로 모습을 바꿀 수 있는 능력을 가진 것은 여러 바다의 신들 가운데 네레우스 혼자만이 아니었다. 예언을 들으려고 하는 사람들을 피해야 할 때면 말이다.

모습을 바꾸는 데 뛰어난 또 다른 전문가는 바로 프로테우스였다. 이 신은 포세이돈을 섬겼다. 이집트의 파로스 섬 근처에서 바다 신의 바다표범 무리를 키우는 신이 바로 프로테우스였다.

네레우스와 마찬가지로 그에게도 물어볼 수 있는 방법은 한 가지밖에 없었다. 그들을 잡아서 위협은 하지 말고, 지쳐서 원래의 모습으로 되돌아갈 때까지 꼭 붙들고 있는 것이다. 그러면 그들은 결국 묻는 모든 질문에 대답을 해 주었다.

헤라클레스와 **메넬라오스***도 신들의 대답이 필요할 때 이 방법을 썼고, 둘 다 인내심에 대한 보상을 받았다. 프로테우스와 마찬가지로 네레우스도 진실밖에 말할 줄 몰랐기 때문이다. 아마도 그들이 침묵하는 걸 더 좋아하는 것

메넬라오스
그리스 신화에 나오는 스파르타의 왕. 아내 헬레네가 트로이의 왕자 파리스에게 유혹되어 트로이로 가자, 형 아가멤논과 함께 군대를 모아 트로이 전쟁을 일으켜 트로이를 함락한 후 헬레네를 찾아 스파르타로 돌아온다.

은 이런 이유에서일 것이다!

  프로테우스는 나일 강 하구, 바다 수면 가까이에서 살았지만 네레우스는 바다 속의 멋진 궁전이 자기 집이었다. 그는 그곳에서 50명의 딸과 함께 살았다. 50명이었을까? 100명이었을까? 어쨌든 바다의 파도만큼이나 많았다.

  눈부시게 아름다운 딸들은 황금 왕좌에 앉아 노래를 부르며 실을 잣고 천을 짜면서 시간을 보냈다. 그러지 않으면 돌고래와 트리톤*들과 함께 헤엄치며 놀았다. 바닷물이 투명할 때 자세히 보면 그들의 어깨 위로 뜨는 긴 머리칼을 볼 수 있었다. 포세이돈의 아내 암피트리테도 이들 중 한 명이었다.

  특별한 운명을 타고난 바다의 신도 있었는데, 아킬레우스의 어머니 테티스가 그랬다. 그녀는 아주 아름다워서 제우스와 포세이돈 둘 다 그녀를 탐냈는데, 제우스와 다투던 프로메테우스는 화해를 하고 싶어서 제우스에게 테티스에 관한 신탁*을 알려 줬다. 그녀에게서 태어난 아들이 아버지보다 많은 면에서 뛰어날 것이라는 것이다.

  이 말을 듣자 두 올림포스 신들은 시들해졌고, 그들처럼 다른 모든 신들도 마찬가지였다. 누가 자기보다 더 강한 아들을 원하겠는가? 그렇게 해서 테티스는 별로 내키지 않

트리톤
상반신은 사람이고 꼬리는 물고기인 바다의 신.

신탁
신이 사람을 매개자로 하여 그의 뜻을 나타내거나 인간의 물음에 대답하는 일.

았지만 테살리아의 프티아 왕인 펠레우스와 결혼하게 되었다.

 이 결혼으로 태어난 아기가 아킬레우스였다. 아킬레우스의 탄생으로 그의 부모는 완전히 헤어지게 되었다. 테티스는 인간으로 죽어야 하는 운명을 아들에게서 없애 주고 싶어서 아들을 불 속에 집어넣었다. 그러나 펠레우스가 나타나 불 속에서 아기를 꺼내 버렸다. 완전한 불사신이 되기 전에 너무 일찍 꺼낸 까닭에 그는 불사신은 되지 못하고 천하무적이 되었다. 그런데 아기의 발뒤꿈치*가 까맣게 타자 펠레우스는 다른 발뒤꿈치로 바꿔 주게 했다.

(아킬레우스의) 발뒤꿈치
다른 전설에 따르면 테티스가 아들을 불사신으로 만들려고 스틱스 강에 아들을 담갔다고 한다. 그러나 그녀가 발뒤꿈치로 그를 잡고 있어서 그곳은 물에 젖지 않았다고 한다.

그래서 이 부분이 치명적*인 급소*가 되고 말았다. 아킬레우스가 죽은 것도 바로 발뒤꿈치에 아폴론의 도움으로 파리스가 쏜 화살을 맞아서였다.

테티스는 아들을 죽음에서 구하려고 온 힘을 다했지만 그는 아주 어려서부터 자신의 길을 택한 것이었다. 시인들이 노래했듯이, 아무 영광도 못 보고 모두에게 무시당하며 오래 사느니 한창때 당당한 전사로 죽는 것이 낫다는 것이다.

네레우스와 그의 형제자매들에게서 태어난 다른 자식들은 주로 못생기고 심술궂었다.

그들의 자식들은 때로는 공중에 우글거렸다. 예를 들면 얼굴은 여자이고 갈고리 발톱을 가진 하르피아이는 아이들과 영혼들을 납치했다.

고르곤*인 메두사와 그녀의 자매들은 뱀으로 된 머리칼과 날 수 있는 황금 날개, 그리고 시선이 마주친 사람을 돌로 만들어 버리는 반짝이는 눈을 가지고 있었다.

또 다른 자식들은 땅을 황폐하게 만들었다. 예를 들어 머리는 사자, 몸통은 염소, 꼬리는 뱀인 키마이라는 입에서 불을 뿜었다. 레르네 지방에 사는 히드라는 머리가 여섯 개인데 자르면 다시 나오곤 했다. 게다가 이 괴물의 입

치명적
생명을 위협하는. 또는 그런 것.

급소
조금만 다쳐도 생명에 지장을 주는 몸의 중요한 부분.

고르곤
그리스신화에 나오는 괴물 세 자매.

김과 피는 치명적인 독이었다. 머리가 셋이고 몸통이 셋인 거인 게리온도 있었고, 개의 머리가 셋 달린 케르베로스도 있었다.

바다에도 괴물들이 살고 있었는데 모험을 좋아하는 선원들에게는 정말 위험했다. 가장 잘 알려진 괴물은 영웅시대 때 바다로 떠나는 큰 원정에서 이아손*과 아르고호의 선원들, 트로이에서 돌아오는 오디세우스가 만난 괴물들이다. 이들 중 어느 누구도 원정을 떠날 생각은 하지 못했었다! 그들은 바다가 위험이 도사린* 세계이고 아주 용감한 자들도 늘 돌아오지는 못했다는 걸 잘 알고 있었다.

그러나 이아손은 동쪽 먼 곳에 있는 콜치스에서 황금의 양가죽을 가져오겠다고 약속했기 때문에 떠나야 했다. 그는 오르페우스, 카스토르*, 폴리데우케스* 같은 위대한 영웅 50명과 함께 아르고호에 올랐다.

오디세우스는 단지 고향인 작은 섬 이타카로 돌아가 아내와 아들을 만나려고 했다. 그러나 포세이돈이 그를 미워해서 온갖 수단을 다 써서 헤매게 만들었다.

두 영웅은 카리브디스와 스킬라를 만났다. 카리브디스와 스킬라는 서로 마주 보고 있고 둘 다 정말 끔찍한 여자 괴물들이었다.

이아손
그리스 신화에 나오는 인물. 테살리아의 왕자로 숙부 펠리아스로부터 부친의 왕국을 되찾기 위하여 금으로 된 양가죽을 얻고자 아르고호 원정대를 이끌고 모험의 항해를 하였다.

도사리다
장차 일어날 일의 기미가 다른 사물 속에 숨어 있다.

카스토르
그리스 신화에 나오는 제우스와 레다의 아들. 항해자의 수호신으로 마술에 능하였다고 하며, 폴리데우케스와 쌍둥이 형제이다.

폴리데우케스
그리스 신화에 나오는 영웅. 제우스와 레다의 아들로 불사신이었으며, 지하의 신이었던 쌍둥이 형제 카스토르와 하루씩 번갈아 가며 생활하였다고 한다.

카리브디스는 하루에 세 번 엄청난 양의 바닷물을 마셨고 근처에 지나가는 배들도 모두 삼켰다. 그리고 하루에 세 번 그만큼의 물을 토했고 배의 잔해들도 함께 토해 냈다.

그 함정을 피하려는 선원들은 두 번째 괴물과 마주치게 되었다. 카리브디스 못지않게 위험한 그 괴물은 바로 스킬라였다. 스킬라는 양다리가 바다 속 깊이 단단히 박혀 있었고, 몸에는 일곱 개의 머리가 달려 있었는데 그중 하나는 여자의 머리였고 다른 여섯 개는 거대하고 사나운 개의 머리였다.

배가 가까이 지나가면 여섯 개의 머리가 몸통에서 나와 끔찍하게 입을 벌리고 닥치는 대로 선원들을 물어 바로 삼켜 버렸다. 따라서 사람들이 죽지 않고는 이 해협을 도저히 지나갈 수 없었다.

무사 멜포메네의 딸들인 세이렌은 더 속임수를 잘 썼다. 반은 여자이고 반은 새인 그들은 노래를 정말 잘 불렀다. 모든 사람이 노랫소리에 홀려 더 잘 들으려고 가까이 오고 싶어했다. 그러나 더 자세히 보면 그들이 머무는 암초 위에는 부서진 **배 밑바닥***들과 햇빛으로 하얗게 변한 사람 뼈들이 잔뜩 깔려 있었다.

오디세우스는 그들의 노랫소리를 들었지만 그 전에 부하

배 밑바닥
배의 몸체 중 물에 잠기는 부분.

들에게 자신을 돛대에 단단히 묶어 달라고 했다. 아르고호에 탄 선원들은 오르페우스가 아주 크게 노래를 부른 덕분에 세이렌의 유혹에 빠지지 않을 수 있었다.

 이렇게 바다는 변덕스럽고 매력적이며 대개 해를 끼치는 곳이었다.

 신들도 그랬다. 변덕스럽고 불안정하며 자주 해를 끼쳤다. 그렇지만 우리 같은 보잘것없는 인간들 눈에는 너무나 매력적일 뿐…….

톱니바퀴 모양의 해안이 13,000킬로미터도 넘고, 섬들이 수도 없이 많은 그리스는 늘 바다와 함께 생활했다. 그리스 사람들은 아주 일찍부터 항해하고 고기를 잡을 줄 알았지만 지중해를 무서워했다. 지중해는 사람을 죽게 만드는 갑작스러운 바람이 불어오는가 하면 때로는 거센 해류가 흐르는 변덕스러운 곳이었기 때문이다.

▲ 아킬레우스의 죽음을 슬퍼하는 네레우스의 딸들. 기원전 6세기, 다몬의 화가

바다에도 괴물들이 살고 있었는데 모험을 좋아하는 선원들에게는 정말 위험했다.

네레우스의 딸들
친절하고 아름다운 네레우스의 딸들은 아마도 반짝거리는 바다나 파도를 표현한 것인지도 모른다.

▼ 오디세우스와 세이렌. 기원전 500년

배
배에는 돛과 노가 갖추어져 있었다. 고전 시대의 전함인 삼단 노선에는 노 젓는 사람들이 세 줄로 겹쳐 앉아 노를 저어서 배가 더 빨리 갈 수 있었다.

세이렌
세이렌은 영웅들의 위업을 노래했지만 현실을 잊도록 만들었고 결국 가장 처참하게 죽게 만들었다. 바다에서의 죽음은 잊혀진다는 것, 따라서 아케론 강가에서 헤매게 된다는 것을 뜻했다.

▼ 포세이돈과 마르시아스. 기원전 360년경, 파리

돌고래
돌고래는 죄를 뉘우친 해적들이라고 한다. 그들은 디오니소스를 공격했다가 그의 마법이 무서워 물속으로 들어갔다는 것이다. 그 후로 돌고래들은 인간들을 구해 주고 모든 바다 행렬에 모습을 드러낸다.

▶ 닻 위에 있는 돌고래. 기원전 2세기, 델로스, 그리스

포세이돈
포세이돈의 삼지창은 진짜 무기였다. 그는 삼지창으로 폭풍을 일으켰다. 이런 식으로 자기 아들 키클롭스 족 폴리페모스의 저주를 받은 오디세우스를 방해했다. 오디세우스가 고향에 거의 다다르자 다시 한 번 큰 폭풍우를 일으켜 길을 잃게 만들었다. 오디세우스는 10년이 지나서야 제우스의 도움으로 이타카 섬에 도착했다.

괴물들과 암초들
그리스 선원들은 바다가 얼마나 믿을 수 없는 곳인지 알고 있었다. 수면에 보일 듯 말 듯한 작은 섬들, 들쭉날쭉한 해안들, 거센 조류들이 있는 곳이니 말이다. 신화에는 엄청나게 많은 바다 괴물들도 등장한다! 그러나 먼 바다는 아무것도 보이지 않으니 더 무서운 곳이다. 그렇기 때문에 그리스 사람들은 해안 근처에서 항해하는 것을 더 좋아했다.

▼ 스킬라. 기원전 5세기, 히메라

이야기의 참고 문헌

그리스 신들의 이야기는 꽤 많은 문학(엄청난 양이 사라지긴 했지만)을 통해 우리에게 전해져 내려왔다. 그리스 문학이 먼저였고, 로마 문학이 그다음이었다.

● **신들의 탄생 : 헤시오도스**

기원전 8~7세기의 전환점에서 헤시오도스는 〈신통기〉, 즉 '신들의 탄생'에 대한 글을 썼다. 이 긴 시는 우리에게 신들의 기원에 대해 이야기해 주고 있고, 이 책의 앞부분에서 주로 참조한 책이 바로 이 책이다. 〈노동과 나날〉이라는 다른 시에서는 프로메테우스, 판도라와 인간들의 이야기가 나온다.

● **행동하는 신들 : 호메로스**

호메로스의 주요 작품 〈일리아드〉와 〈오디세이아〉는 기원전 8세기로 거슬러 올라간다. 이 서사시들은 인간 이상의 능력을 가진 그리스 '영웅들'이 놀라운 위험과 맞서 싸우는 모험에 대해 이야기한다.

〈일리아드〉는 트로이 전쟁에 대한 이야기이고, 〈오디세이아〉는 전쟁이 끝난 후 오디세우스가 집으로 돌아오면서 겪는 모험에 관한 이야기이다. 이 모험에는 늘 신들이 끼게 된다. 신들이 직접 뛰어들기도 하고, 시인이자 음악가인 등장인물(음영 시인)이 신들의 이야기를 하기도 한다.

● **영웅들과 신들 : 비극 작가들**

기원전 5세기에 아테네에서는 연극, 특히 비극이 꽃을 피웠다. 연극 작품의 주제는 거의 항상 신화적인 것으로 신들과 영웅들이 등장했다. 연극 작품들의 어마어마한 문학적 가치와 아

헤시오도스

그는 여러 가지를 참고하여 〈신통기〉를 썼다. 따라서 이 작품에는 일관성이 없는 부분이 많다.
예를 들어 에로스는 두 번 태어난다. 처음에는 가이아처럼 카오스에게서 태어나고 두 번째로는 아레스와 아프로디테 사이에서 태어난다.
이 책에서도 그의 이야기를 따랐는데, 이것은 한 가지 신화에 대해 여러 가지 이야기가 있을 수 있다는 걸 보여 주는 것이다.

▼ 헤시오도스, 로마

이스킬로스, 소포클레스, 에우리피데스 같은 위대한 비극 작가들은 우리에게 큰 관심을 불러일으킨다.

● **다른 고대 참고 문헌들**

기원전 5세기부터 고대 로마 말기에 이르는 다른 참고 문헌들도 많다. 문학 작품 중에서는 핀다로스의 〈오드〉, 아이네이아스의 방랑과 전투를 이야기하는 베르길리우스의 〈아이네이스〉, 시인 오비디우스의 〈변신 이야기〉를 들 수 있다. 다른 작품들은 더 과학적인 흥미를 끈다. 〈그리스 안내기〉에서 파우사니아스는 신화까지 포함해서 자기가 본 모든 것을 묘사했다.

▲ 디오니소스의 가면. 기원전 2~1세기

● **현대 작품들**

고대 참고 문헌들 중에는 잘 모르는 사람은 읽을 수 없는 것들이 있다. 늘 번역본이 있는 것은 아니기 때문이다. 《신화 사전》 또한 아주 많다.

많은 학자들이 그리스 신화를 연구했다. 최근에 가장 위대한 학자들 중 한 사람인 장 피에르 베르낭은 아름다운 신화 이야기 몇 가지를 《우주, 신, 인간의 기원에 관하여》에서 아주 생생하게 들려주었다.

그러나 읽는 것만으로는 충분하지 않다. 더 가까이, 박물관이나 유적지에 가서 멋진 조각과 그림들 (현대 작품뿐만 아니라 고대 작품들도) 을 직접 보고 감상해야 한다. 그것들도 역시 신화들을 잘 설명해 주기 때문이다.

비극

비극은 대부분의 경우 영웅의 위업에 대한 이야기를 무대에 올린다. 주로 영웅이 위협적인 강한 세력과 맞서 싸우지만 아무 소용이 없다는 그런 이야기들이다. 보통은 결국 자기 운명에 굴복하고 마는 것으로 끝맺는다.
디오니소스 축제에서 경연 대회가 열릴 때 연극이 공연된다. (말을 하는) 배우들은 기껏해야 세 명이고 모두 남자였다. 공연을 할 때 배우들은 메가폰 역할을 하는 가면을 썼고, 굽이 높은 반장화를 신어서 키가 커 보였다.

어린이부터 청소년까지

프랑스 갈리마르 **인물 역사 총서**

신화와 역사 속 영웅을 찾아 떠나는 놀라운 지식 여행!
인문 교양 지식 분야에서 세계 최고인 프랑스의 갈리마르 출판사에서 발행한
역사, 인물, 신화, 문명에 대한 종합적인 교양서!

 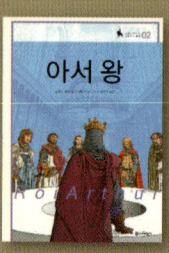 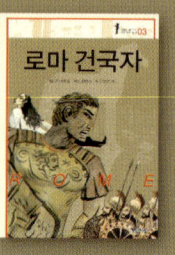  
 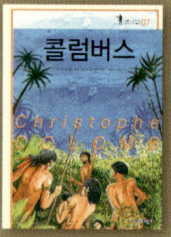  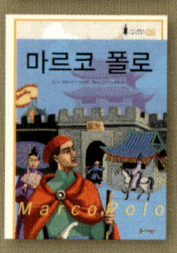 
 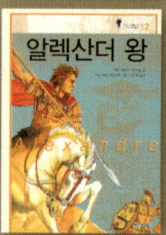   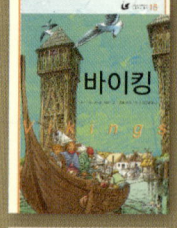
 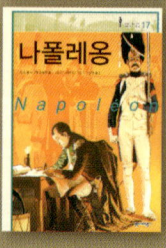 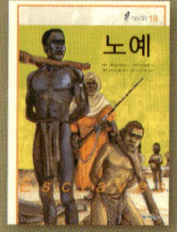  

01 이집트 신	06 율리시스	11 예수	16 다윈
02 아서 왕	07 콜럼버스	12 알렉산더 왕	17 나폴레옹
03 로마 건국자	08 카이사르	13 잔 다르크	18 노예
04 알라딘	09 마르코 폴로	14 해적	19 그리스 신화
05 모세	10 레오나르도 다 빈치	15 바이킹	20 클레오파트라